태초에 공동체가 있었다

Foreign Copyright:
Joonwon Lee
Address: 127, Yanghwa-ro, Mapo-gu, Chomdan Building 6th floor,
        Seoul, Korea
Telephone: 82-70-4345-9818
E-mail: jwlee@cyber.co.kr

태초에 공동체가 있었다

2016. 8. 18. 1판 1쇄 인쇄
2016. 8. 25. 1판 1쇄 발행

저자와의
협의하에
인지생략

지은이 | Harry Kim
펴낸이 | 이종춘
펴낸곳 | BM 주식회사 성안당
주소 | 04032 서울시 마포구 양화로 127 첨단빌딩 5층(출판기획 R&D 센터)
     | 10881 경기도 파주시 문발로 112(제작 및 물류)
전화 | 02) 3142-0036
     | 031) 950-6300
팩스 | 031) 955-0510
등록 | 1973. 2. 1. 제406-2005-000046호
출판사 홈페이지 | www.cyber.co.kr
ISBN | 978-89-315-7980-8 (03230)
정가 | 13,000원

이 책을 만든 사람들
책임 | 최옥현
진행 | 김정인
교정 · 교열 | 김정인
본문 디자인 | 김인환
표지 디자인 | 박원석
홍보 | 박연주
국제부 | 이선민, 조혜란, 고운채, 김해영, 김필호
마케팅 | 구본철, 차정욱, 나진호, 이동후, 강호묵
제작 | 김유석

www.cyber.co.kr
★ ★ ★
성안당 web 사이트

감사의 글

21세기가 시작하면서 한국의 교회에 불어 온 공동체 목회, 혹은 셀목회가 교회 성장을 위해 반드시 필요한 목회 방법이라고 외치며 이와 관련된 다양한 프로그램들이 유행병처럼 한국 교회를 휩쓸었다. 그러나 나는 교회 성장만을 위한 공동체 목회 또는 셀목회는 단호히 거부한다. 공동체로 살면서, 아니 최소한 공동체적 삶을 연습한 결과가 공동체의 확장과 확산이라는 점은 성경적으로 근거가 있지만, 교회 성장을 위해 공동체목회 또는 셀목회를 해야 한다는 성경적 근거는 찾을 수 없다.

공동체로서의 교회를 세우고, 유지하고, 생산적 사역을 감당하는 일은 결코 만만하지가 않다. 내가 소속된 주향한공동체는 극소수의 초기 창립-개척멤버들을 제외한 '이미 크리스천'이라든가, 다른 교회에서 옮겨오는 분들을 처음부터 거부하고 공동체를 시작했다. 하지만 역시 공동체목회의 최대 딴지들은 개척 멤버 중 '이미 크리스천'들이었다. 초기 2년 정도는 자신의 신앙문화를 유지하는 것이 믿음이라고 착각하는 멤버들의 태클과 혼란이 제법이었다.

지난 14년 동안 '우리 공동체가 계속될 수 있을까?' 또 '다음 주일에도 지체들이 모여 예배드릴 있을까?'란 생각을 한시도 버릴 수가 없었다. 그러나 공동체와 예배를 통해 영광 받으시는 하나님께서 예외 없이 부어주시는 큰 은혜로 주향한공동체가 지금까지 살아있다.

이 책은 내가 공동체 목회에 사명을 가질 때인 30여년 전부터 공동체 사역을 연구하며 축적한 자료와 경험을 집약한 것이다. 2015년 3월에 '성령과 더불어 춤추는 관계'라는 부제로 출간되었던 「태초에 관계가 있었다」에서는 공동체적 삶과 공동체 목회의 기본에 해당하는

'관계'에 대해 다루었으며 이번의 '성령과 더불어 춤추는 공동체'라는 부제의 「태초에 공동체가 있었다」에서는 공동체를 집중적으로 다루었다. 공동체 연합, 그리고 공동체성, 공동체의 유형과 구체적인 사역의 실제와 실례들이 다룬 후편들이 계속 '태초에…' 시리즈로 출판될 예정이다. 공동체와 공동체 목회에 관심이 있는 분들은 「태초에 관계가 있었다」를 먼저 읽기를 권한다.

2010년 이후 출간된 나의 여섯 권의 졸저들의 공통점이 있다면 다 '삶에 현장화(現場化)된 언어(marketplace language)로 쓰여 졌다는 것이다. 이는 기독교 영역에서 전통적으로 사용되어 온 용어들을 '현장화'하려는 나의 꾸준한 노력의 산물이다. 그럼에도 기독교적 용어들을 삶으로 '현장화' 해내는 능력이 내게 너무 부족하다는 사실에 나는 늘 절망했고, 이번에도 또 그럴 수밖에 없었음을 고백한다. 이런 의미에서 이 책 「태초에 공동체가 있었다」 역시 '공동체 목회의 성공 스토리가 없다'는 비판과 함께 '삶의 현장 언어화'에 대한 나의 한계가 여과 없이 노출된 졸작이라는 비판을 면하기는 어려울 것이다.

지금까지 함께 한 주향한공동체의 모든 지체들에게 감사한다. 그리고 2002년 9월 4일 주향한공동체가 첫발을 내디딜 때 함께 했었지만 개인적 이유로 또 나의 너무 작은 리더십과 포용력 때문에 공동체를 떠난 지체들에게 진심으로 감사하며 동시에 사과한다. 이들의 노고와 헌신이 없었더라면 지금의 주향한공동체는 존재할 수 없었을 것이다.

원고를 수없이 반복하여 읽으며 충실하게 검토한 평생 동지 김여사와 이 책의 내용 중 과장되거나 거짓이 있는지를 확인하는 차원에서 원고를 꼼꼼히 읽어 준 주향한공동체의 이원석 집사님에게 고마움을 전한다. 2015년 가을, 대전 지역에서 '목요묵상모임'의 목회자들과 2박 3일간 이 책의 거친 원고로 함께 공부하는 시간을 가진 것은 참으로 유익했다. 이때 참석하셨던 권용수, 김상윤, 김용주, 김형진, 백제현, 소선민, 송상수, 양정협, 이관호, 이경건, 이상화, 조영수, 최종영 등 13분의 목사님들께 진심을 감사드린다. 또 2016년 4월 중순 이틀

동안 장유열방교회의 교육관에서 이 책의 최종원고를 함께 읽으며 다듬었던 '부산경남 차세대목회연구원'의 대표이신 이병영 목사님과 사무총장 김두호 목사 그리고 양산의 최병직 목사님, 부산의 이양우 장로님 등께 감사함을 전한다. 1996년부터 시작되어 20년을 끈끈한 동지애로 이어져 오는 이분들과의 관계는 형제 그 이상이다.

티벳 고원의 공동체 지체들과 전세계에 흩어져 비즈니스 미션에 헌신하고 있는 'BAM Global' 공동체의 모든 동지들에게 사랑과 존경을 보낸다.

2016년 8월

Harry Kim

차례

제1장

공동체

2016년 1월 18일(미국 시간) 전설적인 록그룹 '이글스(Eagles)'의 기타리스트 글렌 프레이가 향년 67세로 세상을 떠났다. 글렌 프레이는 60년대 히피문화의 전성기에 자라난 히피시대의 마지막 세대였다. 콜로라도 덴버 근교에 위치한 볼더 대학가에서 시작된 히피문화는 록키산맥을 넘어 오렌지가 지천인 캘리포니아에서 그 꽃을 피웠다.[1]

이렇게 만개한 히피문화의 영향을 받은 글렌 프레이와 그의 동료들로 구성된 '이글스'의 초기 노래들이 노골적으로 히피적이었던 것은 너무나 당연했으며 그 대표적인 곡이 팝의 정석이라는 '호텔 캘리포니아'이다.

태초에 공동체가 있었다

정체성을 찾아…

"마지막으로 기억나는 건 내가 나갈 문을 찾았다는 것, 언제든 나갈 수 있지만 우린 결코 이곳을 영원히 떠나지 못하네."로 끝나는 '호텔 캘리포니아'의 마지막 가사는 어쩌면 1960~70년대의 '정체성'을 찾던 히피들의 찬가이자 절규였을지도 모른다.

정체성을 확인하려면 자기 자신과 대면해야만 한다. 1960~70년대 히피 전성기에는 모든 것을 포기하고 오지로 들어가는 이들이 많았다. 자신과의 대면을 꾀하는 이 행동이 도피로 보일 수도 있었지만, 자신의 정체성을 찾기 위한 이탈, 즉 아담(Adam)으로 돌아가려는 몸부림이자 현실이라는 인박스(in box) 시스템으로부터의 이탈이었다.[2] 정체성을 찾는 이탈과 도피는 분명 다르다. 히피운동은 자신의 정체성을 찾기 위한 궤도이탈이었다. 늘 그랬듯이 불량한 사회에서 자기의 정체성을 찾는 노력은 궤도이탈로 보인다.[3]

소속감을 찾아…

20세기 중반이 '정체성'을 찾는 시기였다면 20세기 후반 이후 21세기는 '소속감'을 찾는 시기이다. 소외와 외로움이라는 독에 중독된 우리에게 소속감은 매우 강력한 해독제다.[4]

소속감은 관계를 형성하라고 하나님이 주신 욕구이다.[5] 개인만으로는 불안한 인간은[6] 소속감에 집착한다. 소속감은 관계 안에서 자신을 보호할 수 있고[7] 관계를 통해 자기를 발견하고, 관계 안의 다른 이들의 인정을 통해 자신을 발견할 수 있기 때문이다.[8]

소속감은 공동체를 형성한다

소속에 대한 열망이 공동체(community)를 만든다. 공동체란 사회적, 영적, 교육적, 인종적, 경제적, 정치적으로 다양한 배경을 가졌지만 서로의 차이를 받아들이고 초월할 수 있는 능력을 가진 두 명 이상으로 구성된, 공동의 목표를 향하여 협력할 수 있는 집단을 의미한다.[9]

미국인의 40% 이상이 다양한 형태의 공동체에 소속되어 있고 전통적으로 한국인은 혈연, 지연, 학연, 우정으로 연결된 모임과 계모임, 취미 모임 등에 소속되어 있다.[10] 소속에 대한 열망은 인터넷을 통한 카페 활동으로 표출된다. 인터넷은 사람들에게 새로운 차원의 관계 형성과 공동체 형성에 절대

태초에 공동체가 있었다

적인 영향을 미치고 있으며 '사이버레이션(Cybelation, 인터 넷을 통한 새로운 관계 맺기)'이라는 공동체 문화를 가능하게 했 다.[11]

교회는 그리스도를 머리로 한 유기적(organic, 생물체와 같 이 모든 구성 요소 등이 서로 긴밀하게 연관되어 떼어 낼 수 없는) 공 동체로서 확장된 가족관계를 형성하는데, 그 이상적 모습이 사도행전 2:42~47; 4:32~37에 등장한다.

1) 공동체의 세 가지 요소

조직(organization)과 공동체는 유사한 것 같으나 본질적으 로 다르다. 조직은 일정한 지위와 역할을 부여 받은 사람이 나 집단이 특정한 목적을 달성하기 위하여 이루어진 질서 있 는 하나의 집단으로, 기업과 정부 등을 그 예로 들 수 있다.

공동체는 광물이나 공기처럼 생명체가 없는 무기체와는 달리 생명체를 이루어 그 안에서 기관을 조직하고 생명력에 의하여 유지되고 확산되는 유기체(organism)로 가정과 국가 등이 그 예다.

표 1

공동체	조직
생명으로 이루어진 유기체	시스템으로 이루어진 조직체
생명의 성장과 확산	목표달성
생명력(사랑)으로 유지	법으로 유지
관계로 작동	기능으로 작동

조직의 기본 조건이 그 목적과 리더 그리고 구성원이듯이 공동체 역시 목적, 리더, 그리고 구성원이 있어야 한다. 목적이 없거나 목적을 상실한 공동체는 더 이상 공동체가 아니며, 리더가 없는 공동체 역시 공동체가 아니다. 또 구성원이 없는 공동체와 정체성을 상실한 구성원들로는 공동체가 유지될 수 없다.

① 목적이 있어야 한다.

목적 곧 존재의 이유를 향해 달려가지 않는 인생은 아무런 의미가 없다.[12] 목적 없는 조직에 생명이 없듯이[13] 목적 없는 삶도 더 이상 의미 있는 삶이 아니다.

2차세계대전 당시, 나치는 헝가리에 포로수용소를 세워 포로들의 노동력으로 공장을 운영하면서 포로들을 대상으로 한 실험을 했다. 나치는 아무런 설명도 없이 포로들에게 한쪽 끝에 쌓여있는 쓰레기 더미를 반대쪽 끝으로 옮기라고 명하였다. 포로들은 그렇게 했다. 다음날 나치는 포로들에게 어제 옮긴 쓰레기를 원래의 장소로 옮기라고 했다. 이 일은 계속 반복되었다. 이 의미 없는 작업의 영향이 얼마 후에 포로들 사이에서 표면적으로 드러나기 시작했다.

한 명이 흐느껴 울기 시작하더니 통제 불능의 상태에 빠졌고, 다른 포로는 통곡하며 절규했다. 이 수용소에서 3년간 수감되었던 세 번째 포로는 전기철책으로 달려가 감전사했다. 많은 포로들이 미쳐갔다. 목적 없는 노동이 포로들의 정신 건강을 심각하게 망치고 만 것이다. 이 실험의 결론은 "목적 없는 일의 무의미한 반복은 결국 스스로 죽음에 이르게 한다."였다.[14]

목적 없는 삶이 죽은 것처럼 목적 없는 공동체는 죽은 것이다. '목적이 주도하는 삶'이 가장 효과적이며 건강한 삶이듯 '목적이 주도하는 공동체'가 가장 효율적이며 그 생산성을 최대화할 수 있다. 분명한 목적이 있어야 공동체 내의 모든 시스템들이 원활하게 작동한다. 목적 달성을 위해 공동체가 유기적으로 움직일 때 공동체는 시너지를 창출하여, 유·무형의 생산성을 극대화할 수 있다.

② 리더가 있어야 한다

2016년 4월, 전 세계는 전기자동차인 '테슬라 신드롬'에 빠져 있고 이 회사의 CEO인 머스크의 혁신리더십이 최고의 화제거리다. 출생률 격감기에 태어난 베이비 부스터(Baby Buster) 세대인 머스크는 12살 때인 1983년 게임소프트웨어를 개발해 500달러에 판 것을 시작으로 1995년 소프트웨어 회사인 집투(Zip2) 이후 창업한 모든 회사들이 초대박을 치는 성공을 거둔 인물이다. 그는 2004년 테슬라 이사회 의장으로 취임하여 2012년 전기차 테슬라를 출시하였고, 올해 2016년에는 테슬라 '모델3'을 사전주문 받으면서 전 세계적으로 '테슬라 신드롬'을 일으키고 있다.

머스크가 베이비부스터 세대의 혁신리더십의 좌장이라면 전후 베이비 부머(Baby Boomer) 세대의 혁신리더십의 좌장은 역시 애플의 스티브 잡스다. 1976년 애플을 공동 설립했으나 1985년 파워게임에서 밀려 애플을 떠나야만 했던 잡스는 1997년 애플이 파산 위기에 몰리자 전 사원의 환호를 받으며 애플의 CEO로 다시 복귀하였다. 이후 그는 아이폰과 아이패드와 같은 탁월한 제품들을 세상에 내 놓아 복귀 14년 만에 애플의 주가를 무려 117배나 끌어올렸다.

2011년 8월 24일 애플사는 CEO인 스티브 잡스의 사임을 발표했다.[15] 당시 애플의 공동창업자 스티브 워즈니악은 "잡스가 애플을 떠나더라도 앞으로 100년간 우리 시대 최고의 경영자로 기억될 것"이라고 평가했다. 이제 고인이 된 잡스

태초에 공동체가 있었다

는 "리더십이란 사람들이 절대 할 수 없다고 생각하는 일도 할 수 있도록 영감을 불어넣는 것이다."란 말로 자신의 리더십을 표현했다. 홍수에 마실 물을 구할 수 없듯이, 최고의 인재와 수재들이 넘쳐나는 이 시대에 잡스와 같은 탁월한 리더를 발견하기가 힘들다는 사실이 역설적이다.[16]

리더는 공동체가 그 목적을 달성하도록 방향성을 제시하고 동기를 부여하며, 공동체의 시너지를 창출하도록 하는 자다. 리더는 늘 공동체의 방향성이 목적 달성에 적절한지 그렇지 못한지에 대해 예민해야 한다. 안전지역을 떠나기 싫어하는 구성원들에게 불확실성을 향해 떠나도록 설득해야 한다.[17] 또 이 과정에서 발생하는 구성원들과의 갈등을 효과적으로 처리하는 능력이 있어야 한다.

공동체가 건강하고 생산적이려면 강력하고 활동적인 리더가 있어야 한다. 이 사실을 간파한 마틴 부버는 공동체 내에서의 리더는 "활발하고 활동적인 중심이 되어야 한다."고 강조했다.[18]

③ 구성원이 있어야 한다

목적을 이루기 위해서는 공동체가 건강해야 한다. 성숙한 리더가 있고, 공동체의 목적과 자신의 역할을 잘 숙지하고 목적 달성에 전적으로 헌신하는 구성원들이 건강한 관계로 일치를 이루고 있어야 건강한 공동체다.

표 2

건강한 구성원	건강하지 못한 구성원
공동체의 목표를 분명하게 인지하고 있음	공동체의 목표를 분명하게 인지하지 못함
자신의 역할을 잘 인지하고 헌신함	자신의 역할을 잘 인지하지 못함
구성원들과의 관계가 건강함	구성원들과의 관계가 건강하지 못함

2) 공동체의 유형

공동체는 여러 유형이 있다.

첫째, 혈연 공동체로 가족이 확대되어 특정 성씨를 중심으로 대집단을 이루어 형성된다. 종족조직을 기반으로, 제사·위토(位土)·족보·사당 등을 운영함으로써 유지된다.

둘째, 지연공동체로 자연환경으로 이웃을 서로 결합하는 가장 단순한 형태가 확대되면서 지역을 중심으로 연대를 형성하여 이루어진다.

셋째, 생존공동체로 특정 상황에서 생존을 목적으로 형성된 공동체이다. 이스라엘의 키부츠 등이 이에 해당한다.

넷째, 의식공동체로 보다 고차원적인 철학과 사상 또는 의식으로 이루어진 공동체다. 이 공동체는 학문, 정신세계, 사

태초에 공동체가 있었다

상, 이념, 종교 등의 영역에서 공동체적 목적을 추구하거나 공동체적 유대를 목적으로 생겨난 것으로 정당, 자선단체, 다양한 NGO 단체 등이 있다. 이 유형에 해당하는 공동체 중 하나가 T.M.C(Thai Miracle Community)이다.[19]

다섯째, 종교공동체로 종교적 하나 됨을 통해 목적을 이루고자 한다. 종교공동체는 다양한 종교적 열망 때문에 나름의 법과 질서를 유지하지만 고차원적 원칙과 높은 수준의 사랑이 없으면 분열과 파괴에 이른다.

3) 건강한 공동체와 건강치 못한 공동체

건강한 공동체와 건강하지 못한 공동체가 있다. 건강한 공동체는 목적이 분명하고, 성숙한 관계를 통해 창출되는 시너지로 공동의 선과 목적을 이루어 나가는 생산성이 높다.

건강하지 못한 공동체는 목적이 분명하지 못하며 전통에 찌든 시스템들로 인해 비효율적이며 무기력하다. 또한 구성원의 관계가 건강하지 못하여 그 시너지를 예상할 수 없고, 모든 에너지가 공동체 유지 혹은 공동체 내부 문제로 인해 고갈된다.

표 3

건강한 공동체	건강치 못한 공동체
분명한 목표	불명확한 목표
효과적인 시스템	비효율적 시스템
성숙한 공동체 문화	휴브리스, 시스템 피로, 수직문화
성숙한 관계	정체적-파괴적 관계
시너지	에너지가 내부 갈등과 문제로 고갈됨
공동의 선과 목적을 이루는 생산성	생산성을 기대할 수 없음
원칙 준수	원칙이 없거나 모호하다.

태초에 공동체가 있었다

1) 히피문화는 매우 실존론적이다. 히피는 자신을 찾으려는 몸부림으로 발산된 시대적 표현이었다. 당시 기존 세대들의 눈에 비친 히피들의 장발과 줄담배, 또 마리화나를 피는 모습 등은 기성세대로서는 상상도 할 수 없었던 외양이었다. 이런 모습을 한 히피들을 숫한 기성인들은 비난했고 또 앞으로 이들이 이어갈 미국을 염려했다. 이런 와중에 토인비는 이들에 대한 평가에 매우 신중했다. 그는 '대화'라는 책에서 '이 히피 현상을 지금 우리의 눈으로 너무 부정적으로 비판하지 말고, 세월이 흐른 후 이들이 남긴 영향을 보고 평가하자고 했다.' 토인비는 생각이 깊었다.

2) 우리는 우리의 정체성을 공동체라는 맥락에서 찾을 수 있는 데, 히피들은 자신들의 히피공동체 문화에서 자신의 정체성을 찾았다. (키이스 앤더슨, 「영적 멘토링」 22.)

3) 1995년에 미국갈보리 채플을 방문하여 '히피의 아버지'라 불리는 척 스미스 목사와 잠시 대화를 나눈 경험이 있다. 척 스미스 목사는 말하길, 60년 후반부터 소위 히피들이 예배 시간에 많이 왔었는데, 그 중에는 1995년 당시 갈보리채플에서 목사가 된 분도 있다고 했다. 전직 히피였던 목사님도 만나 많은 이야길 나누던 생각이 난다.
   척 스미스 목사의 적극적인 주도로 60년대 말부터 미국 캘리포니아의 거듭난 히피들을 중심으로 현대찬양이 태동되면서 히피 출신의 탁월한 찬양 사역자들도 탄생했다.

4) 소속은 고립감을 깨뜨리고 개인에게 심리적 지원을 제공한다. 따라서 개인이 집단과 동일시하는 정도가 클수록 고립감과 고독감을 초월하는 능력도 커진다. (몬트세라트 귀베르나우, 「소속된다는 것」 115.)

5) 소속감은 하나님이 주신 필요이다. 우리는 가족과의 소속감, 집단과의 소속감, 팀과의 소속감 또 우리가 건강하고 생산적인 방법으로 필요로 하는 사람들과의 소속감의 안전을 필요로 하고 원한다. (Chip Ingram, 「Living On the Edge」 132.)

6) 유진 피터슨, 「한길 가는 순례자」 186~187.

7) 김대식 교수는 "대부분의 동물보다 연약하다. 더 약하고, 더 느리고, 더 겁

많은 인간은 생존을 위해서라도 관계적 존재로 살아야 했다. 그 결과 사회적 존재가 된 인간은 지구를 지배하게 되었다."고 한다. (김대식, 「빅 퀘스천」 229.)

8) 찰스 테일러, 「불안한 현대 사회」 68~70.

9) 폴 스티븐스, 「하나님의 사업을 꿈꾸는 CEO」 133.

10) 인간은 출생과 함께 운명적으로 '소속감을 가진 존재'이자, '공동체에 속해 살아가는 존재'이다. 공동체는 '긴밀한 결합을 유지하고 나아가서는 영리추구적인 태도가 아닌 상호연대의 기초집단을 가리킨다.' 따라서 혈연, 지연, 우정 등에 바탕을 둔 연대기관이다. (기독교백과사전. 교문사)

11) LG경제연구원, 「2010 대한민국트랜드」 150~154.

12) 피터 로드, 「소울 케어」 96.

13) James Emery White, 「Rethinking The Church」 Allan Cox, with Julie Liesse, Chicago: Irwin, 25~26.

14) 위의 책, 25~26.

15) '디지털 시대의 미켈란젤로가 떠났다'는 평을 들으며 애플의 CEO직을 떠난 잡스는 '사람들의 삶의 방식을 바꾼 인물'이다. 그는 늘 새로운 아이디어를 실현시키는 데 따르는 큰 위험을 기꺼이 감수한 지도자였으며, 작은 변화에 만족하지 않고 과감한 혁신을 통해 최고의 품질 구현을 고집했던 괴팍한 천재였다.

16) 한 명의 리더에 의한 국가의 흥망성쇠는 역사 속에서 잘 발견할 수 있다. 아브라함 링컨 등과 같은 위대한 리더도 있었지만, 2011년 들어, 이집트 무라바크와 리비아의 카다피 등과 같은 독재자들로 인해 발생한 사태들은 리더의 중요성을 매우 잘 대변한다. 또 1997년의 애플의 경우처럼 망해 가던 초일류 기업이 적임의 리더로 인하여 그 상황이 역전되는 경우도 적지 않다.

17) T.S. 엘리어트가 지적했듯, "너무 멀리 갔다 싶을 만큼 위험을 무릅쓰는 사람들만이 자신이 얼마나 멀리 갈 수 있는지를 깨닫는 법이다." (레너드 스윗, 「모던시대의 교회는 가라」 130.)

18) 유진 피터슨, 「다시 일어서는 목회」 241.

19) https://www.facebook.com/TMC-Thai-Miracle-Community-818502211564019/

태초에 공동체가 있었다

제2장

영적 공동체

10년 전에 평양을 방문할 기회가 있었다. 시골역 같은 순
안공항부터[20] 회색 빌딩들 일색인 평양 시내, 그리고 평양
시내에서 조금만 외곽으로 나가도 황량해지는 인근의 모든
것들이 충격적이었다. 그 중 가장 큰 충격은 20만 명을 수용
한다는 능라도운동장의 카드섹션이었다. 5만 명이나 동원되
는 대규모 집단의 정교함뿐만 아니라 카드섹션에 표현되는
살벌한 구호와 상징들이 공포에 질리게 했다.

　반면 나는 어린 시절 운동회 때의 카드섹션을 떠올리면 행
복하다. 인도자의 신호에 따라 교복과 교련복, 체육복 또는
두어 가지 색의 런닝셔츠 등을 입었다 벗었다 하면 그것이
전체적으로 어떤 구호나 상징적 이미지를 그려냈다. 카드섹

태초에 공동체가 있었다

션은 이렇게 참가자들이 만들어 내는 협동작업이다. 그때를 생각하면 늘 즐겁다.

공동체는 모자이크 작품이다

카드섹션 보다는 상대적으로 예술적 아름다움을 표현하기 위해 사용되는 수단은 모자이크다. 나는 샤갈의 '사계'를 좋아한다. 사계는 빛의 마술사인 샤갈의 모자이크 작품 중에서도 최고다.

길이 21미터, 넓이 3미터, 높이 4.3미터 크기의 직사각형체인 사계가 최고의 모자이크 예술작품이라면 가장 심오한 모자이크 작품은, 바로 공동체이다.[21]

공동체를 조직으로만 보자면 평범한 갑남을녀의 모임일 수 있다. 그러나 평범한 이들이 하나가 되어 예수님의 얼굴을 모자이크로 표현하고 있다면 어떨까? 헨리 나우웬은 다음과 같이 말한다.

각각의 조그만 조각들이 모여서 그리스도의 얼굴이 그려진다면 어느 누가 이 조각 혹은 저 조각은 별로 중요하지 않다고 말할 수 있겠는가? 정말 볼품없어 보이더라도 그 조각이 빠지면 그리스도의 얼굴이 완성될 수 없다. 모자이크 조각들은 하나님의 영광을 드러내는데 없어서는 안 될 중요한 역할을 하게 된다. 공동체도 이와 같다. 부족한 사람들이 모여 하나님의 존재를 세상에 드러내는 곳, 그것이 바로 공동체다.[22]

예수님을 중심으로 유기적으로 상합되어(Jointed) 있는 다양한 개인들로 구성된 모자이크 작품이 영적 공동체다.

하나님은 지극히 세상적인 우리를 영적 공동체로 살도록 부르셨다

"교회에는 못된 짓 하는 이들이 없을 줄 알고 나왔더니 덜되고 못된 이들이 많군요." 최근에 사회적 이슈가 된 대형교회 목회자들 또는 성도들이 서로 치고 받으며 송사하는 모습에 가슴 아파하는 한 새신자의 말이다. 돈과 권력과 섹스로 추문에 오른 스타 성직자의 타락, 일상영성을 상실한 성도들의 이중적 생활 등이 너무 흔한 세상이다.

태초에 공동체가 있었다

영적 공동체의 성도들이 세상 사람들보다 더 윤리적이라거나 신비한 능력을 지닌 것은 아니다. 세상은 성도들을 성자라 여기지 않으며 실제로 성도들 또한 세상 사람들과 전혀 다르지 않다. "이들 중에는 세상에서 이루어지는 대부분의 악한 일을 저지르는 이들이 있기까지 하다."[23]

그러나 하나님께서는 이 죄악의 사람들, 비열한 사람들을 불러 모아 공동체를 이루시는데 망설임이 전혀 없으시다. 하나님은 공동체를 통해 이 죄악의 사람들을 구속하시는 것이지 "신중하게 최상의 사람들을 길러내고 그 성도들을 모아 이 땅이 유토피아적인 교회공동체를 세우심으로 천국이 굳이 오지 않아도 되게 하시지는 않으신다."[24]

하나님은 이러한 우리들을 그리스도의 몸인 공동체로 살도록 하셨다.[25]

영적 공동체는 이 시대에 새로운 대안이다

역사적으로 늘 세상과는 이질적인 집단이었던 교회공동체는[26] 세상의 그 어떤 시각으로도 이해받지 못하면서 늘 비협조적인 환경과 문화 속에서 존재해 왔다.[27] 또 계몽주의 이후 지금까지 극에 이른 개인주의처럼 교회가 영적 공동체가 되

지 못하게 하는 여러 장애에도 직면해 왔다. 특히 개인주의
에 익숙해진 현대인들에게는 공동체는 매우 이질적인 영역
이고, 두렵기까지 하다.[28]

이러한 위기 속에서도 21세기의 교회공동체는 현재 매우
중요한 반전의 기회를 맞고 있다. 교회공동체는 세속문화에
불만을 느끼는 사람들에게 소속감과[29] 평안이라는 절대가치
를 제공해 줄 수 있는 기회를 맞이한 것이다.[30] 영적 공동체
가 '이 세상에서 가장 안전한 곳'[31]이자 '지금도 이 땅에서 이
루어지는 그리스도의 생명'이자 '하나님 나라를 보여주는 사
례'이기 때문에 가능한 것이다.[32]

- 그 원형은 인류 최초, 최소의 '아담과 하와의 가정 공동
  체'이며(창2:24~25),
- 아브람을 불러 건설하신 '믿음공동체'(창12장),
- 모세를 통해 세우신 출애굽 이후의 '광야공동체'(출14장
  이후),
- 출애굽한 이스라엘이 요단강을 건너 가나안에서 이룬 정
  착공동체,
- 사울과 다윗 그리고 솔로몬이 통치하던 통일왕국공동체,
- 이스라엘의 분열왕국공동체,
- 사랑이신 예수께서 세우신 '새로운 대안 공동체'인 '아가
  페공동체'(요13:34~35),

태초에 공동체가 있었다

- 사도행전의 '성령공동체'(행 2:41~47),
- 그리스도의 몸이자, 구원의 창으로 2,000년을 지속해 온 다양한 유형의 '교회공동체' 등이 있다.

영적 공동체는 성경 전체에 가득 차 있다

목적만을 이루기 위해 작동되는 조직과는 달리 영적 공동체는 성도들이 예수 그리스도를 중심으로 모여 하나 된 삶을 살아냄으로 하나님의 나라를 확장하는 유기체이다. 또한 이 유기체는 부르심을 받은 자들이 예수님께 순종하는 성령 공동체이자 '예배공동체'로 아가페와 은사 그리고 재능으로 '서로 상합'하여 치유와 변화로 확산되는 '제자공동체'이다.

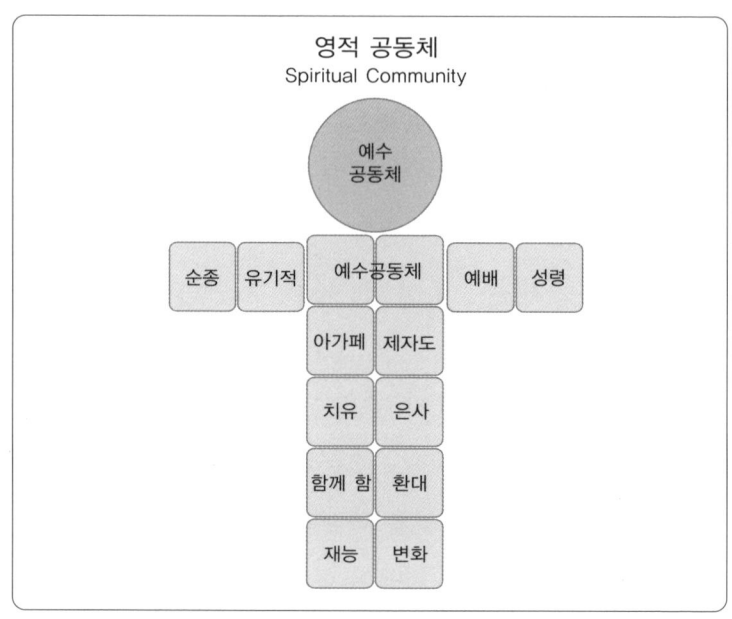

영적 공동체
Spiritual Community

예수
공동체

| 순종 | 유기적 | 예수공동체 | 예배 | 성령 |

아가페 | 제자도

치유 | 은사

함께 함 | 환대

재능 | 변화

그림 1

1) 영적 공동체는 '성도들이 상합된 유기체'이다.

그에게서 온 몸이 각 마디를 통하여 도움을 입음으로 연락
하고 상합하여 각 지체의 분량대로 역사하여 그 몸을 자라
게 하며 사랑 안에서 스스로 세우느니라(엡4:16).

① 성도들이 상합된 유기체

'성도들이 상합된 유기체'를 설명하기 위해서 먼저 내가
소속된 공동체의 이야기를 해야 겠다. 우리 공동체의 모든

태초에 공동체가 있었다

지체들은 일상의 모든 일들을 다른 이들이 종교적으로 소중히 여기는 그 어떤 예식이나 전통이나 형식보다 소중히 여긴다. 우리에게 일상은 예배만큼 거룩하고 기도하는 것만큼 소중하다. 아니 일상이 예배이고 기도이다. 설거지하는 일, 직장 일, 아이 기저귀 갈아 주는 일, 아이하고 놀아주는 일, 다 함께 캠핑 가는 일, 교회에서 작업하는 일, 지체들과 함께 칼국수를 해먹고, 큰 그릇에 모두의 밥을 넣어 비벼 먹고, 함께 바비큐 파티도 하는 이 모든 일들이 우리 공동체에서는 예배이고 기도이자 사역이다.

사역적 존재(Missional Being)를 지향하는 우리들은 일상과 예배, 전도와 선교, 유행가와 복음송 등, 이런 것들을 구별하는 데 시간을 굳이 낭비하지 않는다. 설교하는 모든 사람이 다 사역적 존재일 수는 있지만 그 중에는 그렇지 않은 이도 있을 수 있고, 찬양하는 모든 사람들이 다 사역적 존재일 수도 있지만 그 중에 그렇지 않은 이들이 있을 수도 있다. 중요한 것은 사역적 존재에게는 그 일상이 예배이며 기도이자 전도이며, 선교이자 찬양이라는 것이다.

우리 일상의 확장이 전도이고, 선교다. 우리는 전도와 선교를 운명적 과업으로 여기지만 이 사역을 이벤트화하거나 특별히 강조하지 않는다. 지체들이 가장 소중히 여기며 누리는 사랑의 세 선로(rail)인 섬김, 환대, 나눔이라는 성숙한 관

계를 발전시키고 확장시키는 일이 곧 전도이며 선교이다.[33]

우리는 서로의 실수와 죄를 용서한다. 또 같은 죄와 실수를 반복해도 서로 용서한다. 그러나 상대를 계속 죄짓게 하여 자신의 유익을 챙기는 짓은 거부하고, 그런 시스템은 개혁한다. 우리는 이웃의 죄를 용서한다. 그러나 사회적으로나 국가적으로 사람들이 계속 죄짓게 하는 시스템은 단호히 거부하고 변혁하고자 한다.

우리 지체들은 공동체에 가입한(join) 것이 아니라 예수 그리스도를 주인으로 섬기기 위해 공동체에 상합된 것이다. 지체들은 함께 설교를 듣고, 함께 찬양하고, 함께 기도하고 그리스도를 중심으로 생명으로 상합되어 삶을 나눈다.

이런 의미에서 우리는 가입 공동체적 시각에서는 전혀 판단이 불가능한 구석이 많고 매력이 없고 촌스럽기가 그 끝이 없다. 리더인 나는 리더십의 매력이나 설교의 능력도 없고, 공동체 예배도 너무 평범하다. 특별한 은혜도 없고, 그 흔한 감기몸살이 치유되는 기적이 발생하지도 않는다. 기도했더니 수입이 늘었다던가 승진이 빨리 되었다는 소식도 전혀 들리지 않는다. 매력은 사람의 시선을 끌어당기는 능력인데, 우리 공동체에는 그런 능력이 전무하다. 우리 공동체의 모든 것들이 너무나 평범하고 일상적이다.

그러나 다른 이들에게 매력적으로 보이기 위해 우리 공동

태초에 공동체가 있었다

체가 가지고 있는 이 무매력과 촌스러움을 결코 포기할 수 없다는 것이 공동체 모두의 생각이다. 정말 그렇다. 어쩌면 이 공동체는 이 무매력과 촌스러움의 문화에 중독되어 있는지도 모른다.

우리 공동체는 일상을 포기하고 모든 에너지를 목적 성취를 위해서만 집중하지 않는다. 오히려 그리스도의 사랑으로 섬기고 나누며 일상을 살아가는 사명적 삶이 우선이다. 전도와 선교는 사역적 삶을 살아낸 결과이기 때문이다.

지체들은 '영적' 공동체를 유지-확장하기 위해 조직이 되는 유혹을 이겨내고, 언제라도 유기체로 존재하기 위해 정진한다(행:42~47).

② '영적'이란

'영적 공동체'를 정의하기 전에 '영적'이란 단어를 정리할 필요가 있다. 나는 50년 이상 들어온 '영적'이란 단어는 현실을 벗어나 고고한 삶을 사는 이들을 표현할 때나 쓰이는 형용사인줄 알았다. 이 경우 외에 이 형용사는 내게 늘 두리뭉실한 의미였다. 사실 영적이란 단어는 '은혜'란 단어와 더불어 기독교에서 가장 많이 쓰이면서도 가장 애매모호한 단어이다.

㉠ '영적'이란 '영적인 존재'와의 소통에서 시작된다.

이 소통은 쌍방적이다. 소통하는 쌍방이 경청을 매우 소중하게 주고받는 것이다. 또 이 소통은 실제적이다. 영적인 존재가 우리의 비영적 일상에 개입하면서 영적인 그 무엇이 시작된다. 이 말은 영적인 존재와의 소통은 우리의 일상과 직접적으로 관련된, 매우 실제적인 이야기라는 것이다. 이 소통은 절대로 뜬구름 잡는 애매모호함이 아니다. 그리고 이 소통은 지속적이다. 우리는 일생을 통해 영적인 존재를 지향한다. 때문에 우리에게는 '영적인 존재'와의 평생의 소통이 필요하다.

㉡ 영적이란 영적인 존재를 닮아 가는 상태다.

쌍방적이며 실제적이고 지속적인 소통은 서로를 닮게 한다. 특히 상대를 더 존경하는 이가 상대방을 닮는다. 이런 증거는 주변에 많다. 영적인 존재와 소통하는 이가 영적인 존재를 닮게 된다.

㉢ 영적이란 영적인 존재로 사는 상태다.

영적이란 우리가 소통하며 닮아 왔던 '영적인 존재'처럼 살아가는 상태를 의미한다. 그의 삶을 따르는 과정에 있는 것이며, 그의 영향력을 삶으로 전하는 존재인

것이다. 영적 공동체는 성도들이 영적 존재이신 그리스
도와 소통하고 그리스도를 닮아가며, 그리스도를 따라
사는 유기체이다.

③ 유기체는 구성원들이 상합하여 이룬 한 몸이다

인류 최초로 '상합된 유기체'가 에덴동산의 아담과 하와
가정이다. 아담은 하나님이 보내주신 하와를 보고 "이는 뼈
중에 뼈요 내 살 중의 살이라"(창2:23)며 감탄했다. 아담에
게 하와는 상합된 한 몸이었다. 두 뼈가 연결되는 데는 결속
체(connector)인 관절(joint)이 필요하다. 서로에게 가입하여
심리적, 정서적으로 단절된 결혼생활을 유지하는 부부들과
는 달리[34] 상합하여 유기적으로 결속된(connected) 부부는 건
강하고 성숙한 유기체로 살 수 있다.

사탄은 공동체를 공격하여 그 외형은 그대로 유지하면서
도 공동체의 상합을 파괴한다. 그러면 이 공동체는 가입공동
체인 조직이 되고 지체들은 극소수에 의해 관리를 받으며 조
직의 목적을 이루는 기능적 존재로만 이용될 뿐이다. 이는
악하다.

아담과 하와의 공동체가 상합한 유기체였듯이 예수께서
세우신 예수공동체도 상합한 유기체였으며 21세기의 모든
영적 공동체 역시 상합된 유기체이어야 한다.[35] 조직은 목적

을 이루기 위해 최선을 다하지만 유기체는 먼저 한몸을 이루기 위해 최선을 다하고 그 결과가 바로 총체적 선교이다. 조직이 생산성을 높이는 제도라면 유기체는 '함께 함'을 확장하는 공동체이다.

2) 영적 공동체는 '예수께서 세우신 공동체'이다

아브라함이 하나님의 지시에 따라 본토 친척 아비의 집을 떠나 최초의 믿음 공동체를 세웠듯이(창12:1~3) 예수님도 '새로운 대안 공동체'를 세우셨다. 예수께 부르심을 받은 베드로와 안드레는 직업을 버리고(마4:18~20) 또 야고보와 요한도 직업을 버리고 동료와 아버지를 떠나 예수께서 세우신 공동체에 들어갔다(마4:21~22).

① 새로운 대안 공동체

2,000년 전 이스라엘에는 하나님 말씀대로 살겠다는 나름의 수많은 공동체들이 있었다. 각 회당공동체들과 광야에 은둔해 있던 쿰란공동체 그리고 산발적으로 흩어진 수많은 공동체들이 있었다.

그러나 하나님의 뜻을 이루기 위해 이스라엘에 오셨던 예수께서는 이 공동체들을 택하지 않고, 손수 제자들을 택하여 새로운 공동체를 만드셨다. 이 공동체는 율법과 전통에 찌든 공동체가 아닌, 당시로서는 혁명적인 방식인 '사랑'과 '함께함'으로 작동하는 새로운 대안 공동체였다.

② 예수공동체의 토대는 하나님이시다

세상의 조직은 대개 혈연, 학연, 지연, 취미, 직업 등의 상호유사성이 토대를 이루지만 새로운 대안 공동체인 예수공동체는 그렇지 않다. 예수공동체에서는 누구나 하나님의 영광을 드러내는 중요한 역할을 하지만[36] 그 누구도 공동체의 토대가 될 수 없다. 오직 하나님만이 그 토대이시기 때문이다.[37]

③ 예수공동체의 중심은 예수님이시다

예수공동체는 예수를 구주로 고백한 나와 너가 예수께로 와서(come) 예수님을 중심으로 모여 하나 된(unit) 공동체(community)이다.[38] 예수공동체는 주님의 임재 하심을 체험하는 믿음을 기반으로 형성, 유지, 확장되면서[39] 예수님의 최종 명령(마28:18~20)을 성취해 나가는 사역적 유기체이다.

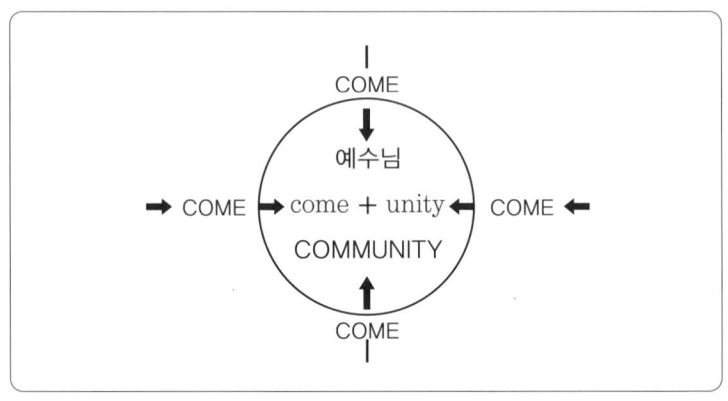

그림 2

④ 예수공동체는 가족의 의미가 확대된 공동체이다

　가족을 떠나 영적 공동체에 속해 헌신하셨던 예수께서는 "아버지나 어머니를 나보다 더 사랑하는 자는 내게 합당하지 아니하고 아들이나 딸을 나보다 더 사랑하는 자도 내게 합당하지 아니하다"(마10:37)고 말씀하셨다. 이 공동체에 소속되려면 누구라도 "부나 소유, 사회적 명성이나 혁명, 마약이나 비행(非行), 그 어떤 것이든 간에 다른 가치나 다른 규범을 지닌 또 다른 사람들, 이제까지 우리와 함께 살아온 사람들을 떠나지 않으면 안 된다."[40]

　예수님은 가족의 의미를 확대하여 제자들과 자신을 따르는 이들을 공동체에 포함시키셨다. 이들은 믿음의 가족이며, 예수공동체이다(마12:46~50). 예수공동체의 모습은 2,000

태초에 공동체가 있었다

년이 지난 지금까지도 신앙공동체 안에서 유지되고 있다. 예수공동체 안에서 외로움과 상처로 고통당하는 이들이 섬김을 받고 또 모든 세대가 하나가 되는 은혜를 누리고, 그리고 다음 세대를 이어갈 자녀들이 이 거친 세파를 믿음으로 어떻게 살아낼 지에 대한 영적 가르침을 받는다.[41]

누구든지 예수공동체에 발을 들여 놓으려면 예수님과 그분의 참된 행복을 자신의 가족과 가족의 관습보다 우선시해야 한다.[42]

영적 공동체는 날마다 개미주의와 전쟁을 치루어야 한다.

예수께서 확대하신 가족의 의미에 수긍하면서도 이 의미를 자신들의 삶에 실제로 적용하는 지체들을 찾기가 힘들다. 그 원인 중 하나가 개미주의(Antism)이다.[43]
개미주의는 자신과 가족의 생존과 안전만을 지키기 위한 일종의 소시민적 가족중심주의를 말한다. 산업 혁명 이후 생겨날 수밖에 없었던 도시화는 일터와 교회와 집을 분리시켰고 이로 인해 서구유럽과 북미의 가족중심주의가 생겨났다. 개미주의는 자신과 가족의 폐쇄성이 너무 강하며 자신의 가족 이외의 다른 관계에 대해서는 무관심하다. 개미주의는 '네 이웃을 네 몸처럼 사랑하라'는 계명의 위반이자 공동체를 무력화하는 일등공신이기도

하다.[44)]

공동체 지체들에게서 개인주의와 소시민적 가족 이기
주의를 제거하는 일은 가장 힘든 과업 중 하나였고, 지
금도 계속 되는 전쟁이다. 교회공동체는 날마다 이 전쟁
을 치루어야 한다.

3) 영적 공동체는 '순종으로 작동되는 그리스도의 몸'이다

교회는 사람들이 머리를 긁적이며 어떻게 실제로 저렇게
살 수 있을까라고 의아해할 만큼 하나님의 말씀과 복음으
로 살아야 한다. 왜 저들은 서로 사랑할까? 왜 저들은 그토
록 너그러울까? 왜 저들은 배우자 곁을 떠나지 않을까? 왜
저들은 그토록 양심적으로 살까?[45)] – 스탠리 하우어워스

하나님의 말씀에 순종하는 삶 그 자체가 예수님의 일상이
었으며, 예수님은 십자가에 달리시기까지 순종하심으로 전
인류를 구원하시는 사역을 완성하셨다.

영적 공동체는 우리들이 정형화되고 획일적인 기준에 의
해 냉정하게 평가받는 현실 세계를 벗어나 늘 당당하고 우아
한 주체로서 고품격 품위를 누리기를 꿈꾸는 그런 피안의 세
계가 아니다. 오히려 영적 공동체는 끝없고 번잡한 현실의
문제를 그대로 끌어안고, 예수님께서 본을 보이셨듯이 하나

태초에 공동체가 있었다

님의 말씀에 순종함으로 함께한다.

① '듣는 것'이 순종이다

'듣다'(hear)의 그리스어인 *akouein*(acoustic: 청각, 귀, 음향)과 '순종하다(obey)'의 그리스어인 *oboekio*(ob=audio: 청각, 음)는 '귀를 기울이다', '경청하다', '잘 듣는다'는 뜻으로 의미가 거의 같다.[46]

순종은 우리 각자를 부르시는 하나님의 음성에 우리의 생각과 방편을 포기하고 하나님의 말씀을 선택하는 것이다. 그러므로 순종은 하나님께는 최고의 기쁨이다(삼상15:22). 순종함으로 하나님의 거룩하심과(벧전1:15~16) 예수님의 겸손과 사랑을 닮아 가며(요13:14~15), 순종함으로 영적 성숙의 길을 가는 성도는(요일2:17) 하나님의 가족이 되어(마12:50) 영적 공동체에 속하는 축복을 누린다.

② 예수님의 제자들은 라이어(LIAR) 현상을 이겨냈다

하나님께서는 "순종이 제사보다 낫다."(삼상15:22)고 말씀하셨음에도 인류는 하나님의 말씀 경청하기를 거부하고 "제 소견에 옳은 대로 행하는"(삿17:6, 21:25) 죄에서 벗어나지 못하고 있다. 이는 비극이다.

'너무 많이 들어서 순종할 수 없는 비극'도 있다. 세계적인 대도시(서울 포함)에 사는 한인 크리스천들에게는 불편한 공통점이 있다. 현지를 오가는 수많은 사역자들에게 너무 많은 정보를 들어 현지의 성도들이 하나님의 말씀과 정보에 거의 반응하지 않는다. 이를 '낮은 정보-행동 비율(Low Information-Action Ratio, LIAR) 현상' 또는 '거짓말쟁이(LIAR) 현상'이라고 부른다.[47] 나는 이 현상을 '**영맥경화**'라고도 부른다.

영맥경화

우리 생명을 위협하는 동맥경화가 있다. 혈관벽 내부에 콜레스테롤 등이 쌓여 혈관이 좁아지는 전신성 질환으로 심장마비, 뇌졸중, 동맥류가 발생하기 쉬우며 동맥류가 터지는 경우 출혈이나 생명이 위독해지는 상황이 올 수 있는 위험한 병이다.

경제를 어렵게 하는 돈맥경화도 있다. 세계적인 경제 불황은 '돈맥 경화'를 가져와 돈의 흐름이 거의 막힌 상태이다. 이 '돈맥경화'로 인해 적지 않은 국가와 굴지의 기업들이 풍전등화의 상황에 처해 있으며 가정과 개인 역시 생존의 살얼음판을 걷고 있다.

성도의 믿음을 위험에 빠트리는 영맥경화가 있다. 영적 교육과 훈련으로 잘 무장된 성도들은 소금과 빛의

태초에 공동체가 있었다

삶으로 헌신해야 한다. 그러나 이러저러한 이유로 헌신하지 않아 영적 에너지가 이웃과 세상으로 흘러가지 않아 이 병이 생긴다. 영맥경화에 걸린 성도들은 쭉정이같이 육에 속한 성도들이다.

예수님의 제자들은 지극히 평범했으나 남과 다른 장점이 있었다. 배움을 실행하는데 있어서 제자들의 자발적 헌신은 [48] '높은 정보-행동 비율'로 이어졌다. 제자들은 영맥경화의 위험을 이겨냈던 것이다.[49]

③ 성도들은 영맥경화에 걸리지 말아야 한다

유대인들이 하나님의 말씀을 그토록 깊이 생각하고, 묵상하며, 연구하는 것은 결국 하나님의 말씀을 실천하기 위함이다.[50] 셰익스피어의 희곡이 공부가 아닌 연극을 위해 쓰여졌듯이[51] 하나님의 말씀은 실천하라고 우리에게 주어진 것이다.[52]

1980년대부터 한국 교회의 성도들은 제자훈련, 세미나 등을 통해, 또 개인적으로 큐티와 묵상 등을 통해 이전에는 경험할 수 없었던 많은 영적 정보를 접하게 되었다. 이는 대단히 긍정적이지만, '너무 많이 들어서 순종할 수 없는 비극'인 영맥경화로부터 자유로울 수 없다는 부정적인 면도 있다.

하나님의 말씀과 영적 정보를 많이 듣는 것은 축복이다. 그러나 이를 듣고 행하지 않는 영맥경화에 걸리면 사이비 제자가 된다. 사이비 제자가 되지 않기 위하여 공동체 지체들은 2,000년 전의 예수님의 제자들처럼 배움과 배움을 행하는 데 있어서 자발적이어야 한다.

공동체와 성도들이 영맥경화의 덫을 피하기 위해서는 다음의 여섯 가지가 필요하다.

㉠ 경청(listening)을 일상화하라.

하나님의 말씀을 자기중심적으로 듣지(hearing)말고, 말씀하시는 하나님의 입장에서 경청해야 한다. 하나님의 말씀을 자기 입장에서 들으면 다른 정보와 비교하게 된다. 이렇게 되면 사이비 제자가 된다. 하나님의 말씀을 절대적 명령으로 경청해야 한다. 믿음은 들음(경청)에서 나온다.

㉡ 공동체의 분별력(결정)에 순종해야 한다.

나보다는 우리에게 더 지혜가 있고 힘이 있듯이 나의 분별력보다는 공동체의 분별력에 권능과 지혜가 더 낫다. 그리스도의 몸의 지체들은 그리스도의 몸인 교회공동체의 분별력에 순종해야 한다.

ⓒ 리더십을 소유한 영적 멘토와 성숙한 관계를 유지해야
한다.

멘토의 상실은 인생의 7가지 치명적인 죄 중 하나라고
할 정도로 멘토는 중요하다.[53] 멘토는 영적 지도자이다.
멘토는 "우리의 마음속 깊이 간직되어 있는 진리, 즉 그
의 영혼 안에서 그리스도의 형상이라 일컫는 것을 이끌
어 내는 분"이다.[54] 이처럼 영적 멘토가 우리에게 주는
영향력이 크기 때문에 공동체가 영적 지도자의 리더십
을 인정한 멘토를 만나야 한다. 성도는 영적 멘토를 통
해 하나님의 말씀에 경청하기를 배우고 실천할 수 있다.

ⓔ 공동체 안에서 영적 친구들과(soul friends) 소통해야 한다.

영혼 속까지 꿰뚫고 들어가 가치관과 선택과 동기와 성
향을 검토하는 질문을 자유로이 던질 수 있고, 공동체
안에서 서로 복종할 수 있는 영적 친구가 있어야 한다.
그래야 성숙한 삶을 살 수 있다.[55] 영적 친구와의 소통
은 경청을 일상화한다. 영적 친구가 있다는 것은 최고의
지혜를 얻는 것이다.

ⓜ 삶과 사역이 분리되지 않아야 한다.

이를 위해 일상의 현장과 사역과 선교가 이루어지는 현

장이 영적, 심리적, 지리적으로 가능한 가까워야 한다. 이를 위해서 성도들은 먼저 가정과 일터를 사역화해야 한다. 또 타성적인 '**단기선교**'가 아닌 선교현장에 가서 현지인들과 몇 달을 살아보는 것이 매우 중요하다.[56]

단기선교

2016년 1월과 2월 사이, 보름동안 치앙마이, 비에티엔, 프놈펜, 호찌민, 방콕 등을 여행했는데 한국 단기선교팀들이 정말 많이 북적였다. 이들은 한결같이 단기선교팀이 아닌 것처럼 행동했지만 그 일거수일투족이 누가 봐도 단기선교팀이었다.

단기선교란 우리가 선교지의 현지인들이 되지는 못하지만, 이분들과 함께하며 하나님께서 이분들을 어떤 식으로 축복하시며, 이분들은 그 축복을 어떻게 누리고 살아가는 지를 짧은 시간 함께 경험하는 것이다. 무엇보다 이게 먼저다.

그런데 대부분의 단기선교팀들은 하나님께서 자기들에게 주신 축복을 현지인들에게 무례할 정도로 일방적으로 쏟아내고는, 무개념 관광객들처럼 현지인들의 삶과는 전혀 이질적인 자기들의 삶을 누릴 뿐이다.

지난 천여 년 간 동남아 선교를 완벽하게 망쳐왔던 서양적 선교방식이 21세기인 지금 한국에서 온 단기선

태초에 공동체가 있었다

교팀들에 의해 무개념으로 반복되는 이 파괴적 타성을 보자니 참으로 안타깝다.

게다가 저가 패키지 단체 여행객들의 전혀 글로벌화 되지 못한 그 추함이 단기선교팀들에게서도 여지없이 반복되는 모습을 보면, 솔직히 망신이다.

이런 식의 단기선교를 고집하는 한국의 일부 교역자 들과 현지 선교사들은 이 비난을 면할 수 없다는 점을 인정하고 이런 무개념 선교가 왜 반복되고 있는지를 깊이 반성하며 가장 효과적인 단기선교 전략과 운영방 법을 모색해야 한다.

이런 무개념 단기선교는 이젠 그만하길 바란다.

ⓑ 가르치는 것이 적을수록 배우는 것은 많아진다(Teach less, Learn More). 예수님께서 선택하여 '공동체라는 시스템' 속에서 양육하신 제자들은 '정보-행동 비율'이 높았다. 이 비율이 높은 제자들을 "역동적이고 적응력 뛰어난" 사역자가 되게 하는 데는 지루할 만큼 많은 가 르침이 필요하지 않았다.[57]

4) 영적 공동체는 '성령과 더불어 춤추는 공동체'이다

교회는 성령과 더불어 춤추는 공동체이다. 정확히 표현하자면, 성삼위일체가 사랑과 기쁨으로 추는 춤판 (perrichoresis)[58]에 같이 춤을 추자고 초대받은 성도들이 성령에 이끌리어 성삼위와 더불어 춤추는 공동체이다. 교회공동체가 성령에 사로잡히지 않으면 교회는 그간의 문화와 관습, 그리고 제도에 의해 운영될 뿐[59] 내적으로는 예수님처럼 말하고 행동하는 삶으로 변화될 수 없고[60] 성도들의 서로사랑, 인정, 용서, 섬김 등이 일어나지 않고 외적으로 구제와 전도, 선교 등의 사역이 그 모습만 남아있을 뿐 실질적으로 이루어지지 않는다.[61]

성령이 함께하는 공동체는 "하나님이 믿음의 형제, 자매들과 함께 행하실 일에 언제나 기대를 거는 것이며 서로를 이러저러한 사람으로 분류하기를 거부한다."[62] 성령은 영적 공동체를 형성하고 있는 다양한 마디들을 하나 되게 하고(엡 4:15~16), 굳은 땅을 부드럽게 기경하듯(호10:12), 공동체 성도들 사이에 굳어있는 마디들을 부드럽게 한다. 이렇게 되면 공동체는 성령에 유연하게 이끌리어 성삼위와 함께 춤추는 성령공동체가 된다.

① 성령은 공동체를 위해 다음과 같은 일을 하신다
　㉠ 서로 용서하도록 하신다.
　　용서는 영혼에 평안을 주고 사람들 사이에 평화를 이룬

다.[63] 자기 판단으로는 그 상대를 받아들일 수 없고 용서할 수 없지만 성령으로서는 가능하다. 하나님의 사랑과 용서는 인간의 사랑과 용서의 기초가 된다.

ⓛ 서로를 인정하게 하신다(로15:1~7).
성령의 도우심으로 상대방이 자신과 다르다는 것을 그대로 인정하면 이때 밀려오는 평안, 즉 관계회복의 감동인 기쁨은 감당할 수 없는 은혜이다.

ⓒ 서로 격려하게 하신다.
격려에 해당하는 헬라어 '파라칼레오(parakaleo)'는 보혜사와 같은 어근이다. 보혜사 성령은 우리와 동행하며 도우시는 분이다. 성령은 우리 안에 거하며 격려하시고 또 우리를 통해 남을 격려하신다.[64] 성경은 성도들이 서로 격려할 것을 명령하고 있다(히10:25). 성령의 도우심에 순종하면 자신과 다른 것을 용납하고 용서하고 인정하고 격려하는 것이 가능하다.[65]

ⓓ 서로 복종하게 하신다(엡5:22~6:9).
상호 복종은 성령 충만한 사람들에게 주시는 주님의 특별한 은혜다. 성령께서 성령 충만한 자들로 하여금 서

로 복종하게 하여 **'영적 관계'**를 유지하는 것은 성령의
사역이다.

㉤ 성도들이 늘 함께 하도록 하신다.
성령은 우리의 일거수일투족에 섬세하게 동행하신다.
성령의 세세한 인도하심을 통해 서로 용서하고, 인정하
며, 격려를 주고받게 되면, 비로소 영적 공동체로 함께
갈 수 있다. 부부의 문제, 셀 문제, 공동체의 문제도 결
국 동행이 안 되는 데에서 시작한다.

성령공동체는 생활의 모든 영역에서 어떻게 하면 예수님
처럼 되는지를 배워가는 지속적인 성장과정에 함께하는 제
자공동체이자[66] 예수님의 지상명령을 이루기 위해 함께 헌신
하는 공동체이며 하나님 나라를 전하기 위해 '파송된 자들의
모임'이다.

영적 관계[67]

영적 관계란 하나님의 아가페의 사랑으로 인해 그의
아들이신 예수 그리스도의 구속으로 회복된 관계를 말
한다. 영적 관계는 예수 그리스도와의 인격적 관계를
기반으로 하나님의 목적을 이루도록 하는데, 이를 위해

'너와 나'를 성령의 도우심으로 아가페 사랑을 형성하고 유지하는 구속적인 관계로 나아가게 한다.

먼저, 영적 관계는 '그리스도와의 인격적인 관계'에서 시작된다. '개인 공간(Personal Space)'이란 심리학 용어가 있다. 사람과 사람 사이의 거리감이라고 할 수 있는 심리적 공간이다. 성도에게 이 심리적 공간의 지배자는 예수님이셔야 한다. 그래서 그 공간과 영역이 '신성한 공간(Divine Space)'이 되어야 한다. 예수님은 신성한 공간의 창조자이시자 또한 운영자이시다.

'나와 너의 관계' 사이에 비어 있는 공백을 하나님이 채우실 때 양자 사이에 영적 관계가 형성되며,[68] 그 사이에 '신성한 공간'이 존재하게 된다.

하나님과의 인격적 사랑의 일치를 이룬 자들의 관계가 영적 관계이며[69] 이는 마땅히 모든 성도의 사귐이어야 한다. 본회퍼는 영적 관계는 "예수 그리스도를 사이에 두고 사귀는 것이요, 예수 그리스도 안에서 사귀는 것"[70]이라고 정의한다.

두 번째, 영적 관계는 성령이 주관하신다. 영적 관계는 서로의 노력만으로는 불가능하며 연습만으로 이루어지는 것도 아니다.[71] 모든 관계를 영적 관계로 승화하기 위해 우리는 우리에게 관계의 본을 제시하신 예수님의 방법을 따르고, 성령에 의지해야 한다. 영적 관계는 오직 성령이 주관하신다.

마지막으로 영적 관계는 구속적이다. 예수님이 죄인이었던 우리를 구속하셨다. 예수께서는 우리를 위하여 죄의 값을 대신 치루셨다. 때문에 우리는 구속자이신 예수님 안에서 새로운 피조물의 자유와 새로운 질서의 은혜를 누릴 수 있게 되었다. 예수께서 우리를 구속하셨듯이 우리도 이웃을 구속하는 사역을 감당해야 한다.

구속적인 관계란 기꺼이 대가를 지불하려는 영적 관계이다. 그리스도께 구속된 성도들은 영적 관계의 본을 보여줄 책임이 있다. 더 나아가 적대적인 관계조차도 구속적인 관계로 변화시키는 일에 헌신해야 한다.

② 공동체 지체들의 영적 매력이 발산되어야 한다

성령에 사로잡힌 이들에게는 영적 매력이 있다. 성령은 '성숙한 관계성을 가진 인물들'에게 임하여[72] 그들을 성령으로 사로잡아 영적으로 무장된 존재로 만드신다. 성령에 사로잡힌 이들에게는 영적 수동성이 있다.[73] 이것이 영적 매력이다. 성령에 수동적으로 이끌려온 이들에게는 성령에 이끌려 왔다는 사실 외에는 매력이 전혀 없지만 굳이 이들이 지닌 영적 매력에 대해 말하자면 다음과 같다.

㉠ 매력은 사람들의 시선을 끌어당기는 능력이다.

그러나 영적 매력은 너무 평범하여 갑남을녀들의 그 모

습 그대로이다. 영적 매력은 비일상적이며, 비지성적 또는 비현실적인 것에서 찾으려하면 안 된다. 만약 비일상적, 비지성적, 비현실적인 방법으로 능력을 뽐내며 영적 매력이라고 은근히 드러내는 이들이 있다면, 예수님께서는 이에 전혀 관심을 가지고 있지 않다는 사실을 명심해야 한다(마4:1~11). 영적 매력은 성도의 거듭난 성품과 인격으로 발산된다. 그러니 성령에 이끌려 온 사람들에게서 세상적 매력을 찾으려는 시도는 무의미하다.

ⓛ 영적 매력은 세상의 질서와 정반대로 움직인다.

성령에 이끌려 온 성도는 성도의 능력이 아니라 성도의 약함이 다른 사람들을 움직인다는 것이다. 성도가 받은 복이 아니라 성도의 슬픔이, 성도를 멀어지게 하는 두려움과 수치의 장벽을 부순다. 성도가 약할 때 경험하는, 주님이 주시는 강함. 이 신묘막측한 역설이 영적 매력이다.[74]

ⓒ 영적 매력은 주님의 목적을 거스르지 않는다.

영적 매력자는 아가페 사랑을 전하는 자로 부르심을 받은 자이다(요13:34~35; 요일 3:11~18). 하지만 그 사랑을 전하기 이전에 그 사랑에 전인격적으로 부딪혀 경험한 자이어야 한다. 이 사랑을 경험한 자는 주님의 목적을 거스르지 않는다.

5) 영적 공동체는 '예배공동체'이다

> 예배한다는 것은 하나님의 거룩하심으로 양심을 일깨우는
> 것, 하나님의 진리로 우리의 생각을 먹이는 것, 하나님의
> 아름다움으로 우리의 상상을 정결케 하는 것, 하나님의 사
> 랑을 향해 마음을 여는 것, 하나님의 목적에 우리의 의지
> 를 바치는 것이다.[75]

주일은 주중 6일 동안 삶으로 예배드려 왔던 모든 성도들이 넘치는 은혜와 깊은 교제 그리고 풍성한 나눔으로 공동체적 축제를 누리는 날이다. 만약 당신이 기쁨도, 설렘도, 감격도 없이 타성에 젖은 발걸음으로 교회로 향했다면, 그래서는 안 된다. 완벽하게 승리하신 주님과 그리고 그 승리를 함께 동참하는 성도들과 함께 '성령과 더불어 춤추며' 하나님께 예배하는 자이어야 한다. 성도는 주님의 승리하심에 동참해야만 한다.

"예배에 깊숙이 빠져 본 사람만이 세상 깊숙이 스며들 수 있다."는 유대인의 잠언이 있듯이 세상 구석구석에 깊숙이

태초에 공동체가 있었다

스며들어 소금과 빛이 되어야만 하는 운명을 가진 성도들에게 예배는 가장 소중하다.

① 예배는 기독교공동체의 핵심이다

교회공동체는 예배를 통해 성령의 임재를 경험하고, 그분의 임재를 통해 은혜를 받으며, 예배 때마다 그리스도의 죽음과 다시 사심 그리고 다시 오심을 선포한다.[76] 공동체가 그리스도 안에 계시되어 다스리시고 구원하시는 하나님의 실체에 대해 항상 깨어 있을 수 있는 유일한 방법은 예배에 몰입하는 것이다.

② 공동체 예배는 하나님을 향하여 성도를 이끈다

성도가 영적 공동체 안에서 예배할 때는 우리를 하나로 만드신 하나님을 향하도록 이끄심을 당해야 한다.[77] 성도는 공동체 안에서 "서로의 성장 모습, 곧 출생부터 노년까지, 일과 성공, 고생, 고통, 고민, 애통의 모든 애환을 지켜보면서" 자라왔고, 자라 갈 것이다. 그리고 성도는 인생의 모든 단계마다 늘 함께하시는 하나님의 뜻을 찾는다. 예배는 공동체의 방향이 하나님을 향하도록 이끈다.[78] 거룩한 예배를 통해 성도는 마땅히 이 이끄심을 당해야 한다. 예배는 성도의 삶이기 때문이다.

③ 예배는 영적 공동체를 유지하게 한다

공동체의 예배는 범람하는 세속화와 환란 속에서 영적 공동체를 유지한다.[79] 이는 '공동체를 영적인 예배행위로 하나님께 드릴 때, 하나님은 유혹의 상황들을 거룩과 용납의 순간들로 변화시킬 수 있는 능력을 우리에게 주셔서'[80] 성도와 공동체를 하나님의 말씀에 순응시키기 때문이다.

④ 예배는 공동체에 선포되는 하나님의 말씀을 경청하는 것이다

선포되는 하나님의 말씀에 공동체 전체가 경청하기는 쉽지 않다. 주일 봉사로 바쁘게 움직이다 정서적, 영적 안정감을 잃은 상태로 예배에 임하면 말씀에 경청할 수 없다. 늦게 도착하여 불안정한 상태로 예배에 임해도 역시 경청할 수 없다. 찬양인도에 너무 집중하다 긴장이 풀어지면 예배에 경청할 수 없다. 어린 아이들과 함께 참석한 부부들은 부시럭거리거나 소란을 피우는 애들 때문에 예배에 집중할 수 없다.

애들 역시 예배시간 동안 소란피우지 말라며 부모들이 건네주는 장난감이나 게임기에 정신 팔려 하나님의 말씀에 집중할 수 없다. 이렇게 자란 아이들은 평생 예배에 집중하지 못한다. 처음에는 힘들겠지만 애들이 소리를 지르거나 울거나 말거나 부모는 무조건 예배에 집중해야 한다. 어떤 상황

태초에 공동체가 있었다

에서도 또 자기들이 무슨 짓을 해도 아랑곳 하지 않고 늘 예배에 집중하는 부모의 모습을 보면 1~2살 아이들도 예배 시간에는 딴 짓 안하고, 성장하면서 선포되는 말씀을 깊이 경청하게 된다.

이를 위해 당연히 교회공동체 전체가 도와야 한다.

⑤ 공동체 예배는 영혼의 수술방 환경이어야 한다.

예배는 공동체와 지체들이 분해되고 재조립되는 시간이다. 하나님의 창조의 원칙과 질서를 거역하고 인간의 방식과 질서로 살고 있는 공동체는 예배를 통해 분해되고 재조립되는 은혜를 함께 경험하므로 늘 새로워지며 하나가 되어 간다.

공동체 예배는 최고의 전문의이신 예수께서 그 치유의 손으로 마취되어 내어 맡겨진 공동체의 모든 지체들의 몸 구석 구석을 분해하고 재조립하실 수 있는 영혼의 수술방과 같은 환경이어야 한다.[81] 이러한 이유로 성도들에게 의도된 영향을 주기 위하여 강하게 연출되고 또 그 연출에 최적으로 훈련된 전문가들이 맹활약하는 식의 예배를 공동체는 거부해야만 한다.

⑥ 공동체 예배는 모든 세대가 동참하는 장이다

내가 속한 공동체는 예배를 이끄는 일에 대해서는 모두가 무지하여 그 서툶과 엉성함을 감추지 못하는 아마추어들에 의해 예배가 진행된다(공동체의 한정된 자원 때문 이렇게 할 수밖에 없기도 하다). 예배에 임하는 모든 지체들은 수술대에서 수술을 기다리는 그 두렵고 떨리는 간절함이 일상화된 소박함으로 예배한다.

또 영혼의 수술대에 오르는 전 세대가 함께 예배드린다. 태어나서 부모의 품에 안겨 처음 교회 오는 날부터 공동체 예배에 함께 한다. 2006년에 우리 공동체의 첫 아이가 태어났고 10년간 전 세대가 함께 하는 예배는 지속되고 있다. 현재 생후 9개월 된 유아부터 70세가 넘으신 분까지 함께 집중하여 드리는 공동체 예배는 앞으로도 계속될 것이다.

누구라도 만으로 8살이 넘으면 찬양팀으로 섬길 수 있다. 현재 8살, 10살의 두 자매가 보컬을 담당하고, 8살의 소년이 퍼커션을 9살 소년은 어쿠스틱 기타를 연주하며 부모와 함께 찬양팀에 소속되어 예배에 동참한다.

6) 영적 공동체는 하나님의 사랑인 '아가페로 작동하는 공동체'이다

아가페는 인간을 향한 하나님의 무조건적이며, 독생자를 아끼지 아니하신 희생적인 사랑을 말한다. 2,000년 전, 예수께서 이 땅에 오셨을 당시의 이스라엘은 부정적 시스템이

태초에 공동체가 있었다

강력하게 작동되어 그 어떤 영적 원칙들이 지켜질 수 없었다. 영적 관계는 사라지고 비영적 관계만이 만연되어 있는 공동체를 통해서는 하나님의 사랑이 세상에 전달될 수 없었다.[82]

이스라엘에는 하나님의 사랑이 유통되고 **'영적 시너지'**를 무한대로 창출할 수 있는 '새로운 대안 공동체'가 생겨나야만 했다.

영적 시너지(권능, *dunamis*)

영적 관계는 영적 시너지를 창출한다. 사도행전 3장에 등장하는 베드로와 요한은 영적 관계를 이룬 대표적인 인물들이다. 두 사도가 아가페 사랑으로 영적 관계를 형성하고 함께 섬길 때 하나님의 치유의 능력이 흘러나가, 장애우가 치유를 받은 것이다.

이 치유의 능력을 생명이라 부르는 래리 크랩은 영적 관계를 통해 흐르는 생명에 대해 다음과 같이 말한다. "한 영혼의 가장 참된 부분이 다른 영혼의 구석진 텅 빈 곳에 가 닿을 때, 즉 영적 관계라는 깊은 만남이 일어날 때, 생명은 한 사람에게서 다른 사람에게로 전달되는 것이다."[83] 이렇게 흐르는 생명은 영적 관계를 통해 창출된 영적 시너지이다.[84]

영적 시너지의 성경적 명칭은 권능이다. 권능은 예수께서 이 땅에 계시면서 하나님의 뜻을 이루시기 위하여 사용하셨던 초능력이다. 예수께서는 권능을 사용하셔서 우리의 죄를 사해 주셨으며(마9:6), 귀신을 쫓아내셨다(마10:1). 또한 이 권능으로 예수께서 우리를 사탄에게서 구출하셨으며, 제자공동체를 만들어 제자들을 양육하셨고, 마침내는 모든 권능을 제자들에게 주어 파송하셨다(마28:18~20).[85] 권능은 오순절 다락방에 예수께서 약속하신 성령과 함께 임하여(행1:8) 역사상 유일무이한 성령공동체를 탄생시켰으며, 이 공동체를 통하여 땅 끝까지 이르는 선교의 불이 타오르기 시작했다.

① 영적 공동체에는 사랑으로 행동하는 성도들이 있다

성도가 기도할 수 없을 때, 성도가 자기만족에 안주할 때, 성도가 갈등에 빠져 있을 때, 그리고 성도가 사랑스런 방식으로 행동할 수 없을 때, 영적 공동체 안에는 성도를 위해 기도하고, 성도를 위해 영적 전쟁을 치루어 주고, 성도에게 참된 사랑이 무엇인지, 또 평안이 무엇인지를 보여주고, 사랑으로 행동할 수 있는 성도들이 있다.[86]

② 아가페 사랑을 배우는 데는 평생이 걸린다

영적 공동체는 개방성과 다양성 그리고 성령의 강력한 이끄심을 누리는 아가페공동체이다. 성령이 이끄시는 사랑은 정해진 한계도, 정해진 방법도, 정해진 유형도 없는 세계다. 오직 예수께서 우리를 사랑하시는 것 같이 우리도 서로 사랑하는 것, 즉 사랑으로 관계하는 것만이 유일하다(요13:34~ 35).

이 아가페 사랑을 배우는 데는 일평생이 걸린다. "성령께서 우리 존재의 가장 내밀한 구석구석까지, 공포감과 장벽과 질시가 자리 잡고 있는 모든 곳까지 스며드셔야 하기 때문이다."[87] 이는 아가페 사랑이 한 사람에게 지식과 정보로 자리 잡는 기간을 말하는 것이 아니다. 머리에 핵심요약 정리된 아가페 사랑이 예수의 살과 피로 그 사람의 가슴에 스며들기까지는 오랜 시간이 걸린다.

그러므로 아가페 사랑이 한 사람의 가슴에 스며들기까지는 이 사랑을 강요한다고 해서 될 일은 아니다. 성도는 단지 주님의 이름으로 서로에게 이 사랑을 제안할 수 있을 뿐이다.[88]

③ 공동체와 성도는 아가페 사랑의 아마추어들이다

영적 공동체의 모든 성도들은 아가페 사랑을 실천하는 사역자들이다(요13:34~35; 요일 3:11~18). 그렇다고 성도가 사랑을 전하는 전문가인 것은 아니다. 성도들은 늘 아가페의 완성자인 예수님께 그 방법을 물어야 하는, 아가페 사랑의 영원한 아마추어들이다.[89]

④ 아가페는 악을 정복할 수 있다

역사적으로 교회공동체가 '폭력과 부패, 타락과 정면으로 맞서 싸워 악의 세력을 정복할 수 있었던 적은 한 번도 없었다.'[90] 그러나 교회공동체에는 악을 정복할 수 있는 사랑이 있다. 그것은 "사탄의 배후에서 사탄을 공격하는 것이다. 그래서 사탄에게 독이 될 더 온화한 미덕으로 사탄을 놀라게 하자. 적어도 세상이 극단으로 치달을 때에는 사랑의 가르침이 우리 행동의 궁극적인 기준이 되도록 하자."라고 힐러리 브랜드와 아드리엔드 채플린는 성도들에게 호소한다.[91]

⑤ 아가페는 공동체에서 섬김과 나눔과 환대로 실천된다

공동체는 아가페 사랑이 섬김과 나눔과 환대로 실천되는 아가페 공동체다. 기독교 초기의 안디옥 교회가 그랬다.[92]

> 안디옥 교회에서 성도들은 유대인들과 이방인들, 그리고 헤롯의 젖형제로부터 노예에 이르기까지 모두 망라하여 사랑하였다. 본래적으로 교만함을 보였던 마케도니야의 헬라계 성도들은 예루살렘 내의 유대계 성도들에게 물질적인 도움을 주는 일에 실제적인 관심을 보였다.[93]

태초에 공동체가 있었다

7) 영적 공동체는 '환대공동체'이다

여행 중에는 호텔(hotel)이 필요하고 몸이 아프면 병원(hospital)이 필요하다. 호텔과 병원은 환대(hospitality)의 정신에서 출발한 비즈니스이다. 호텔은 나그네에게 자고 쉴 수 있는 장소를 제공하고 병원은 환자를 치료하고 살려내는 게 사명이다. 그러나 경제적인 이유로 잠자리 제공과 치료를 거부하는 세상이다. 돈이 환대정신을 빼앗아 간 것이다.

환대는 누구라도 쉬며(rest), 회복하여(recover), 재출발(restart) 할 수 있는 분위기와 환경과 시설을 제공하는 것이다. 기독교 전통이 오래된 국가들의 호스텔(hostel), 호텔, 병원 등이 그 대표적인 시설이다.

환대를 통해 하나님은 당신의 사랑과 능력을 필요한 이들에게 흘려보내신다. 환대를 제공하는 공동체에게는 놀라운 특권이 있다. 그것은 예수님과 방문자 사이에 이루어지는 회복과 치유를 통해 공동체에 하나님의 나라가 구체적으로 임하는 것을 목도할 수 있다는 것이다.

① 환대는 치유가 확산되는 공간이다

아가페는 '섬김'과 '나눔'과 '환대'[94]라는 영적 교제(koinonia)를 통해 구체화된다. 환대는 이 섬김과 나눔이 제한 없이 이루어지는 공간과 환경이다.

또 환대는 하나님의 치유가 확산되는 공간이다. "환대란
… 일차적으로 자유로운 공간을 마련함으로써 낯선 자가 거
기로 들어와 적이 아닌 친구가 되게 하는 것이다. 환대는 사
람을 변화시키는 것이 아니라 그들에게 변화가 일어날 수 있
는 공간을 제공하는 것이다."[95]

성도의 삶의 현장은 환대의 공간이어야 하고, 이 공간을
확장시키는 것이 선교와 전도이다. 환대가 없는 교회는 영적
공동체를 상실한 교회이다. 환대가 없는 상황은 성도들이 자
신의 영이 살기 위해 교회를 떠날 수밖에 없는 환경이다.[96]

② 환대는 누구에게나 주님의 은혜가 노출되는 환경이다

환대는 누구와도 친구가 되고, 누구와도 주님의 은혜에 노
출되는 환경이다. 영적 공동체는 환대의 공간이어야만 하고,
성도들은 환대가 얼마나 귀한 것인지 깨닫고 이 선물을 최대
한 활용해야 한다.

③ 영적 공동체는 환대시스템을 구축해야 한다

세상과 세상 사람들에 대한 개방성이 있어야 하며 이를 교
회공동체의 문화로 자리매김할 수 있는 환대시스템이 있어
야 한다. 환대시스템은 교회공동체가 가진 물리적, 감정적
경계를 파괴하고, 새로운 사람들이 공동체에 대해 우호적인

태초에 공동체가 있었다

감정과 소속감에 대한 기대를 가지게 한다.

여기서 물리적 경계란 사람들이 공동체 방문을 힘들게 하는 물리적인 장애 요소들로서 거리, 위치, 주차장, 그리고 모이는 공간의 조명 및 인테리어, 화장실 등의 미비하고도 불편한 시설 등을 들 수 있다.

감정적 경계란 공동체 내부가 가지고 있는 폐쇄적인 분위기, 예를 들어 내부인들끼리 너무 친하여 외부인의 접근을 막는 분위기, 외부인을 환대하지 않는 분위기, 외부인으로 하여금 소외감과 열등감, 불편함 등을 느끼게 하는 분위기를 들 수 있다.

물리적 경계와 감정적 경계를 허무는 일에서부터 환대 시스템이 시작된다.

8) 영적 공동체는 '함께 하는 공동체'이다

'함께 하는 공동체'를 설명하기 위해 내가 속한 공동체에 대해 또 말해야겠다. 2015년 3월 8일부터 21일까지 공동체 지체 20명이 최고의 슬로우 관광 국가인 라오스를 여행 했다. 20명 중에 11명이 성인이고 9명이 한 살, 두 살, 다섯 살, 일곱 살, 여덟 살 등인데 10살 이상인 어린이는 없었다. 이렇게 20명이 이동하려면 시간이 많이 걸린다.

자는 아이들을 깨우고, 씻기고, 먹이고, 입히고 아이들 간식과 옷가지 그리고 유모차도 챙겨야 한다. 버스에 오를 때 아이 먼저 태우고, 유모차도 싣고 그렇게 다들 힘들게 차에 올라 출발하려는데 한 부모가 아기 해열제를 안 챙겨 왔다면서 다시 호텔방을 다녀오고, 이동 중에 한 아이가 배탈이 나서 갑자기 화장실에 들려야하고, 또 도착지에 와서도 아이들 내리고 유모차 내리고… 그렇게 가다가 갑자기 한 아이가 엄마에게 업히겠다고 떼를 쓰면 업어주기도 해야 하고. 이 정도로 끝나지 않는다. 연로하신 분들은 낮동안 같이 다니시느라 힘이 드셨는지 밤새 끙끙 앓으신다. 그리고 다음날부터 이분들의 움직임이 느려지신다. 공동체 여행, 이래저래 시간이 많이 든다. 솔로여행의 시각에서 보면 이는 완벽한 멍청이 여행이다.

분명 이 여행에서 이동에 드는 비용과 특히 그 시간이 만만치 않다. 이 여행의 어려움과 성가심을 묵묵히 기쁨으로 참아내는 이들이 있다. 아이와 함께 여행하는 부모, 6살짜리 동생들을 챙기는 8살짜리 언니와 오빠, 1살짜리 동생을 챙기는 7살짜리 오빠 등의 가족들이다. 반면에 이 느려 터지고 답답한 여행에 적응하지 못하고 노골적으로 힘들어 하는 이들은 싱글이나 홀로여행가들이다. 섬김보다는 자기 기대를 채우는 데만 집중하는 이들은 공동체와 함께 여행할 수 없다. '함께 함'에 섬김으로 헌신하는 이들이 영적 공동체를 이룰 수 있다.

① 공동체는 '함께 하는 여행'이다.

현대의 개인주의자들에겐 이 여행(공동체)은 전혀 생소할 뿐만 아니라 함께 하기가 너무 힘들다. 그러나 이 여행에 기꺼이 함께 하는 이들이 있다. 공동체 안에서 서로 상합된 이들로 가족으로 또는 그리스도 안에서 형제자매로 부르심을 받아 공동체에 자발적으로 헌신하겠다는 뜻을 가지고 있다. 성도는 공동체로 함께 하는 삶(여행)에 비용과 시간이 제 아무리 많이 든다 해도 이에 기꺼이 헌신해야 한다.

② 예수께서는 제자들과 함께 하기를 원하셨다.

예수께서 12제자 공동체를 형성하시는데 있어서 독특했던 방법 중 하나는 12제자에게 투자하신 시간이다. 예수는 12제자들, 70인들, 무리들 등 세 부류의 대상을 섬기셨다. 그런데 공관복음서를 연구해보면, 예수께서 자신의 공생에 3년 중 50% 시간을 투자하여 12제자들을 섬기셨고, 70인들에게는 35% 그리고 무리들을 위해서는 15%를 사용하셨다. 이는 오늘날 목회자들이 무리를 위해 75%, 70인들을 위해 15%, 그리고 12제자들을 위해 10%의 시간을 사용하는 것과는 커다란 차이가 있다. 예수께서 12제자에게 공생에 50%의 시간을 투자하신 것은 아가페 사랑과 친밀함의 결속을 제자들에게 보여 주시고, 제자들에게는 이것이 체화되어야 하는 시간을 필요했기 때문이다.[97]

'12제자공동체'는 사랑을 결단하고, 실행하는 공동체이다. 이 친밀공동체는 그 자체로 사랑이라는 메시지를 세상에 보여주며 행동하는 사랑의 언어로 복음을 세상에 노출시켜야 했다. 바로 이를 위해 예수께서는 12제자를 직접 선택하셨으며, '나를 따르라'고 명하시며 가장 많은 시간을 투자하셨던 독특한 전략을 사용하신 것이다.

사람들은 서로에게 점점 더 '들러붙어' 친밀한 관계인 '함께 함'의 공동체를 형성하고 있다.[98] 늘 제자들과 함께 하시기를 원하셨던 예수께서는[99] 제자들을 '함께 함'의 공동체로 파송하셨다.[100] 예수께서 부활 후 제자들과 40일간 함께 하시면서, 그들에게 "예루살렘을 떠나지 말고 아버지께서 약속하신 것을 기다리라"고 명하셨다(행1:3~4). 예수님께서 승천하신 후, 제자들은 모두 함께 모여 "마음을 같이 하여 전혀 기도에 힘썼으며"(행1:14), 베드로의 제안에 따라 함께 새 사도를 선출했고(1:26), 함께 성령을 받았다(2:1~13). 이후 사도들의 사역행전은 '함께 함'으로 진행되었다(3:1~10).

태초에 공동체가 있었다

③ '함께 함'은 이웃의 고통에 동참하는 것이다.

마르바 던에 의하면, 기독교 신앙은 두 가지 차원으로 설명된다. 하나는 실패와 실수와 고통을 경험하는 정적이고 인간적인 차원, 다른 하나는 그리스도의 주되심 속에서 일어나며 성장하는 역동적 차원이다.[101] 영적 공동체는 이러한 두 차원의 삶을 모두 나눌 수 있어야 한다. 정적인 차원에서 나눔은 고통 가운데 있는 이들과 함께 슬퍼함으로 그들의 고통에 동참하는 것이며, 역동적인 차원은 적절한 때가 오면 하나님이 그들과 함께 계시며 궁극적으로 그분의 사랑이 모든 것을 이긴다는 것을 상기시켜 주는 것이다.[102]

'함께 함'은 "우리는 상대와 함께(be with) 하는 것일 뿐, 그 당사자가 될(be) 수는 없다. 즉 다른 이들의 고통을 완전히 이해할 수 없고 다만 그들과 함께 그 고통 가운데 있어줄 뿐이다."[103]

④ '함께 함'에는 헌신이 필요하다.

2016년 3월 21일 모 일간지에 '친구야 우리만 믿어라, 네게 큰 세상을 보여줄게'라는 제목의 감동적인 글이 실렸다. 선천성 근육위축증을 앓고 있어 휠체어에서 지내는 케반 챈들러가 네 친구의 헌신적 도움으로 올 6월에 19일 일정으로 생애 첫 유럽여행길에 오른다는 내용이다.[104] 이번 여행지 중에서는 휠체어로 오를 수 없는 600개의 계단을 오를 예정인데 이런 경우들을 대비해서 네 친구들은 케빈이 앉을 수 있는 특별 배낭을 만들어 여행 중 번갈아 가며 메기로 했다.

이들의 '함께 함'은 참으로 숭고하고 아름다운 여행이 될 것이다. 이 '함께 함'을 가능하게 하는 것은 우리에게는 누구나 약점이 있고 그 약점은 이웃에 의해 채워질 수 있다는 사실에 대한 깨달음이 '함께 함'을 가능하게 한다.[105] '함께 함'을 위해서는 "상대에 대한 헌신이 요구된다"[106] 영적 공동체는 다양한 헌신이 요구되는 '함께 함'의 공동체이다.

9) 영적 공동체는 '은사공동체'이다.

은사는 헬라어로 카리스마(charisma)이며 하나님의 은혜를 의미하는 카리스(charis)에서 파생되었다. 은사는 "하나님의 은혜와 그분의 무한하고 받을 자격이 없는 이들에게 베푸시는 무상(無償)의 사랑에서 비롯되며 그분의 은혜와 사랑으로 나타내는 선물을 의미한다."[107]

영적 은사는 매우 중요한데 3가지 이유가 있다. 첫째, 영적 은사는 삶의 우선적 결정을 내리게 하는 토대이다. 둘째, 영적 은사는 하나님께서 우리를 사랑하신다는 확증이고 셋째, 영적 은사를 잘 이해하면 그리스도의 사역을 당신의 삶의 중심이 되게 하기 때문이다.[108]

태초에 공동체가 있었다

① 은사는 그리스도의 선물로 하나님의 뜻을 이루는 데 사용된다.

은사는 그리스도의 선물이며, 온전한 사람을 이루고 그리스도의 장성한 분량이 충만한데 이르게 한다. 성령에 의해서 발생되는 능력, 기술, 재능 등이 다 포함되는 은사를 주신 목적은 공동체의 유익을 위한 것이며(고전12:7), 덕을 세우며 그리스도의 몸을 세우려는 것이다(14:3,12). 은사들은 우열로 나누어지지 않는다. 어떤 것도 무시될 수 없고, 어떤 은사도 최고일 수 없다(12:21~23). 모든 은사는 동등하기 때문에 그리스도의 몸을 하나로 묶어주는 하나 됨이 가능하다(12:7).

하나님께서 우리에게 은사를 선물로 주신 목적은 하나님의 뜻을 이루시기 위함으로[109] 성도들을 준비시켜, 봉사의 일을 하게 하고, 그리스도의 몸을 세우게 하려고 하는 것이다(엡2:10). 그리하여 "우리 모두가 하나님의 아들을 믿는 일과 아는 일에 하나가 되고, 온전한 사람이 되어서, 그리스도의 충만하심의 경지에까지 다다르게 된다."(엡4:12~13)[110]

② 은사는 다양하다

은사의 다양성은 공동체를 세우기 위함이다(엡4:13). 영적 공동체는 그리스도를 중심으로 다양한 은사를 소유한 사람들이 한 몸을 이룬 은사공동체이다(엡4:4-6). 은사로 인하여 성도들은 교회공동체의 사역에 헌신적으로 참여하는 기쁨을 누린다. 성도는 자신의 다양한 은사로 공동체를 최대한 섬겨야 한다.[111]

③ 은사는 하나님의 기적이다

"하나님이 사람에게 주시는 은사를 어떻게 나누든지, 핵심은 성도가 훌륭한 공동체를 만들어 갈 때 성경의 설계도에 따라 각자 은사를 발견하고 사랑으로 은사를 사용할 수 있다." 이렇게 되면 "공동체로서 성도는 단순히 부분의 합이 아니라, 그 이상의 힘을 발휘한다".[112]

은사는 하나님께서 그 풍성한 은혜만큼, 넘치고 넘치도록 주시는[113] 하나님의 능력으로 우리가 은사를 통해 공동체와 이웃을 섬길 때 성도의 일상 가운데 일어나는 하나님의 기적이다.[114] "은사를 통해 우리는 완전히 새로운 존재가 되어, 성도와 세상을 향해 그리스도를 구현할 수 있는 것"이다.[115]

④ 은사공동체를 파괴하는 두 가지를 경계하라.

ㄱ) 성도들을 기능적으로 대하지 마라.

영적 공동체의 성도들이 은사를 은혜롭게 드러내도록 하려면 성도들을 기능적으로 대하지 말아야 한다.[116] 성

태초에 공동체가 있었다

도들을 기능적으로 대하면 성도 개인적으로는 건강한 영적 공동체의 소속감이 주는 감격을 상실할 뿐만 아니라 공동체적으로는 율법과 제도의 경화가 더 가속화되어, 공동체성이 파괴된다.

ⓛ 성도들은 이 은사로 섬기는 사역을 방해하는 사탄의 교묘한 방법에 늘 경계해야 한다.

그것은 "성도로 하여금 자신의 은사가 아닌 일들에 너무 많이 관여함으로써 각자의 은사에 맞는 일을 할 때 경험하는 희열과 성령의 능력을 잃어버리게 만드는 것이다."[117]

영적 공동체는 성도들이 영적인 은사를 마음껏 발휘하는 기쁨을 누리는 은혜의 장이다. 그래서 우리는 공동체가 필요하다. 공동체 속에서 믿음이 자라고, 봉사의 일을 하기 위한 개인의 재능과 역할이 발견되기 때문이다.[118] 성도는 자신의 은사를 표출할 때 가장 행복하고, 공동체는 성도가 은사를 실천할 때 최고로 활성화된다.[119]

10) 영적 공동체는 '재능을 사역화하는 공동체'이다.

모든 이들에게는 하나님이 주신 재능(τάλαντο, talent)이 있다. 재능에서 무한한 가능성과 그 가능성을 실현할 수 있는 아이디어와 기술이 들어 있다. 누구라도 자신 안에 존재하는 가능성을 개발하는 것이 중요하다. 이 가능성에는 창조성이 포함되어 있다. 때문에 누구나 어떤 특정 분야에 천재성을 가지고 있다. 이런 점에서 재능개발은 가능성을 실현하는 것이다.

재능은 이 세상의 모든 사람들이 세상에서 생존하고, 또 가족과 이웃, 공동체에 샬롬을 이루도록 하나님께서 개개인에게 주신 창의력과 기술, 리더십 등이다.

> 해당 분야에 탁월한 능력을 발휘할 수 있다면 더 말할 것도 없다. 남을 돕는 일이 아니더라도 모든 노동은 본질적으로 이웃을 사랑하는 행위다. 크리스천은 굳이 직접 목회를 하거나 비영리 자선단체에 들어가지 않더라도 스스로 하는 일을 통해 이웃을 사랑할 수 있다.[120]

① 세상은 재능으로 작동된다.

출애굽한 이스라엘 민족이 광야에서 이동하는 동안은 하나님께서 만나와 메추라기를 공급하셨다. 그러나 이스라엘 민족이 가나안에 들어가 그들 스스로 식량을 구할 능력을 갖게 되자, 만나는 거두어졌다(수 5:12). 이후로 백성들은 하나님이 주신 재능으로 자신들의 필요를 채웠다. 재능은 사람들로 하여금 먹고 사는 것뿐만 아니라, 성도들이 이 땅에서

태초에 공동체가 있었다

소명을 이루라고 하나님이 주신 것이다.[121]

하나님은 우리의 소명을 따르는데 필요한 재능들을 우리에게 주셨다. 성도가 재능을 발휘하여 제품과 서비스로 세상에 필요를 채워 주는 것은 하나님이 세상을 운영하시는 사역에 동참하는 거룩한 일이자 우리가 만나는 이들에게 하나님의 사랑을 나타내기 위한 것이다. 이렇게 세상은 재능으로 작동된다.[122]

② 재능 사용은 반드시 평가 받는다

마태복음 25장 달란트 비유에, 주인은 종들에게 각각 한 달란트, 두 달란트, 세 달란트를 주고 떠난다. 돌아온 주인은 재능을 사용한 종들은 칭찬하고, 재능을 사용하지 않은 종은 혹독히 평가했다. 재능 사용은 엄격한 평가를 받게 된다.

성도들은 하나님이 주신 재능을 가지고 이익을 남겨야 한다. 이 이익으로 가난한 자를 먹이고 이웃을 섬길 수 있다. 하나님은 우리가 재능으로 섬기며 이익을 남길 수 있는 지각과 기량과 리더십을 이미 주셨고 성경은 이것들을 하나님의 방식으로 사용하는 매뉴얼이자, 하나님의 평가 기준이다.

③ 재능을 극대화하라.

2003년 2월 모스코바에서 밤기차를 타고 한동안 레닌 그

라드라고 불렸던 상트페테르부르크를 찾았다. 그 이유는 영국의 대영 박물관과 프랑스의 루브르 박물관과 더불어 세계 3대 박물관으로 알려진 예르미따쥬 국립박물관을 방문하기 위함이었다. 이 박물관을 찾은 가장 큰 목적은 렘브란트의 '탕자의 귀환'을 보는 것이었다.

역시 '탕자의 귀환' 앞은 이 그림을 감상하기 위해 전세계에서 몰려온 이들로 붐볐다. 작품의 구도, 인물들의 표정, 손짓, 눈빛 그리고 빛과 색의 섬세한 처리는 렘브란트의 신앙적 성숙과 재능이 탁월하게 조화를 이루고 있음을 보여주고 있었다.

'탕자의 귀환'을 보고 다시 밤기차로 모스크바로 돌아오는 내내 위대한 그림을 인류에게 남긴 렘브란트의 매력에 깊숙이 빠져들었다. 17세기의 '빛의 화가'로 불리는 미술사의 거장답게 '탕자의 귀환'은 렘브란트의 재능이 가장 탁월하게 드러난 작품이다.

렘브란트는 20세기의 유일한, 위대한 종교화가인 조르주 루오와 더불어 하나님께서 자신에게 주신 재능을 극대화한 위대한 작가였다.[123]

하나님은 우리의 소명을 따르는데 필요한 재능들을 우리에게 주셨다. 재능은 매일의 삶 속에서 우리가 만나는 이들에게 하나님의 사랑을 나타내기 위한 것이다. 재능에는 무한한 가능성과 그 가능성을 실현할 수 있는 아이디어와 기술이 들어 있다. 누구라도 자신 안에 존재하는 가능성을 개발하는 것이 중요하다. 또한 이 가능성에는 창조성이 포함되어 있다. 재능개발은 가능성을 실현하는 것인 동시에 창조성을 개발하는 것이다.

자신의 재능을 극대화하여 인류를 섬기는 것은 하나님의 뜻을 성취하는 것이다. 19세기에 천연두가 500만 명의 목숨을 앗아갈 당시 종두법을 개발하여 인류를 천연두에서 구한 에드워드 제너[124)]가 좋은 예다.

> 천연두 백신이 처음 개발되었을 당시에는 내로라하는 성도들이 '하나님의 뜻'을 거스리는 처사라며 접종 반대 의사를 밝혔다. 나로서는 그들과 정면으로 대치되는 얘기를 할 수밖에 없다. 백신을 개발한 에드워드 제너야말로 하나님의 뜻을 성취해낸 용감한 인물이었다. 주님이 그토록 사랑하는 백성들을 치료해서 건강하게 만들지 않았는가?[125)]

④ 영적 공동체는 은사(gift)와 재능(talent)을 통합하여 사역화해야 한다.

성도는 세상의 소금과 빛이다. 소금과 빛의 삶이 섬김이다. 재능이 탁월하면 섬김의 영향력을 높일 수 있다. 그런데 성도의 97%가 삶의 현장에서 영적인 목적의식과 삶의 방향을 상실했다고 느끼고 있다고 한다.[126] 이러한 현실에서 성도가 사회의 소금과 빛의 소명을 감당하기는 힘들다. 성도의 재능을 사역화하는 일은 시급하다.

재능을 사역화하기 위해서는 믿음과 재능을 통합하는 고도의 영적 훈련과 담대한 결단이 필요하다. 이는 참으로 힘든 과정이지만 성도의 재능에서 소명을 발견하고, 재능을 사역화 하는데 머뭇거릴 여유가 없다.

교회는 성도들이 은사를 잘 활용하여 교회에 충성하도록 지원하고 격려하는 것과 더불어 성도들이 재능도 계발하여 세상에서 소금과 빛의 사명을 잘 감당하는 사역적 존재로 살아가도록 지원하고 격려해야 한다. 교회는 다음의 마틴 루터의 말에 경청해야 한다.

> 교회가 총명한 목수를 대하는 걸 보면, 보통은 취하도록 술을 들이키지 말고, 여유 시간에 망나니짓을 하지 않으며, 주일마다 꼬박꼬박 예배에 출석하라고 타이르는 게 고작이다. 하지만 교회가 해 주어야 할 얘기는 따로 있다. 신앙을 좇아 살려면 무엇보다 훌륭한 테이블을 만드는 게 우선이라고 가르쳐야 한다.[127]

성도의 소금과 빛된 삶 그 자체가 하나님의 사랑과 섬김을 전하게 되는데, 이를 킹덤임팩트(Kingdom Impact)라 한다.

태초에 공동체가 있었다

그리고 세상에 킹덤임팩트을 끼치는 제자이기 위해서는 '재능의 사역화'가 되어 있어야 한다.

교회 내부를 자세히 살펴보라. 은사가 출중한 자원들이 얼마나 많은지 쉽게 발견할 수 있다. 그렇다면 성도들이 사회에서 어떻게 살아가고 있는지를 살펴보면 어떨까? 교회에서는 그토록 열성적인 이들 중에서 세상에서는 무기력한 사람들이 적지 않다는 것을 발견할 수 있다. 물론 세상이 험악해졌고, 각박해졌고, 그 어느 때보다 살기 힘들다는 건 분명하다. 그러나 2,000년 교회 역사상 세상이 교회에 우호적이었던 때도 없었고, 또 성도들이 세상에서 소금과 빛으로 살도록 방임한 적도 없었다. 환경은 늘 최악이었다. 그럼에도 불구하고 소금과 빛으로 살아간, 살아온, 살아갈 성도가 있었고, 있으며 있을 것이다.

성도는 자기가 처한 위치에서 소금과 빛의 사명을 실천해야 한다. 바로 킹덤임팩트를 끼치는 삶이다. 킹덤임팩트를 끼치려면 탁월함이 전제되어야 한다. 탁월함은 지각(빌4:7)과 고도로 훈련된 기량(talent)이 시너지를 이룰 때 가능하다.

한 개인의 은사를 소중히 여기는 만큼 그 개인의 재능을 그간 교회는 소중히 여기지 않고 있다는 점은 많이 아쉽다. 이제부터라도 교회는 성도들이 재능의 탁월함과 사역화한 재능으로 무장되어 저 거친 세상으로 나아갈 수 있도록 실제적으로 도와야 한다. 은사와 재능의 통합화된 사역화가 모든 성도들에겐 절대적으로 필요하다.[128] 이렇게 되면 재능이 소명을 이루는 사역이 되고, 또 '일이자 곧 예배'인 아보다(Avodah) 세상에 하나님의 나라가 실천적으로 확장-확산될 것이다.

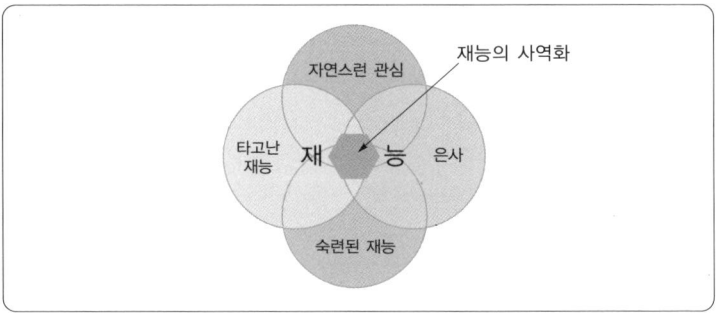

그림 3

아보다와 말라카[129]

아담과 하와가 죄를 짓고 에덴동산에서 추방되기 전까지 인간의 일터는 낙원이었다. 일은 그 낙원의 주요한 요소였고, 예배였을 뿐만 아니라 성취감과 보상이었다.[130] - 데니스 베커

하나님이 세상을 창조하셨을 때 에덴동산은 '물질적 풍요로움', '건강한 관계', '완벽한 환경', 그리고 '하나님과의 친밀감'이 조화를 이룬 총체적 축복의 장이었

태초에 공동체가 있었다

다. 이 네 가지 축복이 완벽하게 조화를 이룬 상태가 샬롬이다. 아담의 범죄 후 세상은 물질적 풍요로움이 사라졌으며, 관계도 파괴되었고, 환경도 파괴되어 오염되었으며, 하나님과의 친밀감 상실로 범벅된 정글이 되었다. 샬롬의 환경이 파괴되었다. 그 결과로 인간은 정원의 법칙이 아닌, 정글의 법칙으로 생존해야만 했다.

정글의 법칙은 인간에게 끝없는 노동과 땀을 요구할 뿐이고, 우리는 이 신화와 같은 요구를 성취하기 위한 집착의 늪에서 빠져 나오지 못하고 있을 뿐이다. 정글의 법칙은 인간에게 끝없는 노동과 땀을 요구한다. 이 노동이 히브리어로 '말라카(מְלָאכָה, Malakah)'다. 말라카는 에덴에서 추방된 인간의 생존만을 위한 노동이다. 바위를 굴려 정상에 올라가지만 결국 다시 굴러 떨어져 또 올려야 하는 그 끝없는 시지프스의 쳇바퀴를 의미한다. 하나님을 거부한 인간의 자기 생존과 자기 성취의 노동이다.

말라카의 학대부터 사람들을 구해내는 일이 '아보다(עֲבֹדָה, Avodah)'다. 아보다는 하나님의 정원인 에덴에서의 일이다. 아보다는 하나님을 기쁘게 하는 모든 행위를 말한다. 예배하고 섬기고, 나누고, 베풀고, 그리고 안식하는 삶 전체를 의미한다.

아보다는 에덴동산이 경제적, 사회적, 환경적, 영적으로 풍요로운 조화를 이룬 상태인 샬롬을 이루고 유지하도록 아담과 하와에게 부여된 사역으로 예배, 섬김, 환경보호와 관리, 노동 등의 4가지 의미를 가진 단어다. 그리고 아담과 하와가 아보다를 행하는 데 필요한 에너지가 구약성경에 '복'으로 번역된 히브리어 '바라크(בָּרַךְ, Barak)'이며(창1:28, 12:2), 이 바라크를 주시는 분은 오직 하나님 뿐이시다.

11) 영적 공동체는 '제자공동체'이다.[131]

말씀을 듣고 배우는 현장과 그 듣고 배우는 것을 실천하는 현장 사이의 거리가 짧을수록 그 사역화는 매우 강력하다. 반면에 말씀을 전하고 배우는 이들과 이 말씀이 사역으로 이루어지는 현장 사이에 거리가 멀어질수록, 사역은 무기력해진다. 예수께서 굳이 공동체라는 시스템에서 제자들을 양육하신 것은 말씀과 이 말씀의 사역화되는 거리감을 제거하여 말씀이 제자들을 통해 강력하게 사역화되도록 하신 것이다.

① 제자도

예수께서 제자 양육에 사용한 교육 시스템은 제자도이다. 몇 년 전 토론토에서 목회하는 아는 목사와 이런 주제로 소통 중에 '왜 예수님은 12명의 제자를 고비용이 드는 제자도 시스템을 택하여 양육-훈련하셨는가?'에 대해 나는 다음과

태초에 공동체가 있었다

같이 답하였다.

제자도에서는 영적 시너지인 권능이 발생하여 비영적 세력을 파괴하고 다양한 유형으로 묶인 자들을 구출할 수 있지만(행3:1~11), 세미나나 도제에서는 탁월한 전문가를 생산할 순 있으나, 영적 시너지를 창출할 순 없다는 맹점이 있다. 현대 교회의 현장에서 사역 전문가들은 많으나 교회가 그 어느 때보다 세상을 섬기고 이기는 힘에서 무능력한 이유가 바로 이 때문이다.

제자도는 영적 전문가를 생산하기보다는 주께서 전하신 사랑을 그대로 전하는 아마추어로 세상에 주님의 사랑을 전하는 사도성을 소유한 제자들을 탄생시킨다. 제자도에 속한 성도들은 무능력에서 두나미스를 창출하는 힘을 공동체에서 얻는 지혜가 있어 세상을 이기지만, 도제에 속한 성도들은 그 극에 이른 장기자랑으로 영웅은 되지만 결국 작아지지(mini+ster) 못하므로, 사역자의 깊은 영적 성숙에 이르지 못하는 경우가 대부분이다. 이 병폐 현상에 대한 책임을 누가 져야 하는지….

제자도의 환경이 아닌 소위 '유사 제자도' 또는 그리스도의 가르침을 입으로만 전하는 세미나 환경에서는 권능이 창출되지 않는다. 권능과 무관한 성도들의 삶은 진품이 아니라 짝퉁 모조이며, 함량 미달의 사이비 믿음이다. 이런 성도를

양산하는 기독교는 '유사 기독교'이다.[132]

예수께서는 대중적인 지지를 잃을 것이 분명한데도 제자도의 시스템 속에서 제자들을 양육하셨다. 주님께서는 제자가 되는 조건에 왜 그토록 엄격하셨을까? "양보다 질에 더 신경을 쓰셨기 때문이다."[133]

그 이유를 오스왈드 샌더스는 다음과 같이 말한다.

> 주님께서는 위기의 때에 흔들리지 않는 헌신을 기대할 수 있는 선택된 사람들의 군대 즉, 기드온의 군대를 바라셨다. 주님께서는 당신의 교회를 세우거나 악의 세력과 싸울 때에 의지할 수 있는 믿을 만한 확실한 제자들을 원하셨다 (눅14:29, 31).[134]

② 제자도는 함께 하는 공동체의 환경 속에서 진행되었다

교육과 훈련은 다르다. 켄트 험프리스는 교육-훈련과 관련하여 3T를 말한다. 첫 번째는 말로 하기며(Telling), 두 번째는 가르침이고(Teaching), 세 번째는 훈련이다(Training). 말로 하기는 "방 청소 좀 해라."와 같은 단순한 명령이다. 가르침은 "창문을 열고 빗자루를 들고 바닥을 쓴 다음 걸레로 닦아라."라는 식의 설명이다. 그런데 훈련은 상호 활동적(interactive)이다. 교육자가 설명하고, 몸소 보여 주며, 피교육자와 함께 실행하면서, 결국은 피교육자가 스스로 청소하

게 하는 것이다.[135)]

제자도는 교육자와 피교육자들이 팀으로 상호 활동적으로 행동하는 훈련이다. 이 팀훈련에는 많은 시간이 필요하다. 처음에는 서로의 차이로 더디게 진행되는 훈련이다. 또 기대만큼 성과가 안 나와서 불평도 하고, 갈등하지만, 다음의 그림에 나타나듯이 어느 정도 시간이 지나면 그 효율성과 시너지 효과가 크다.

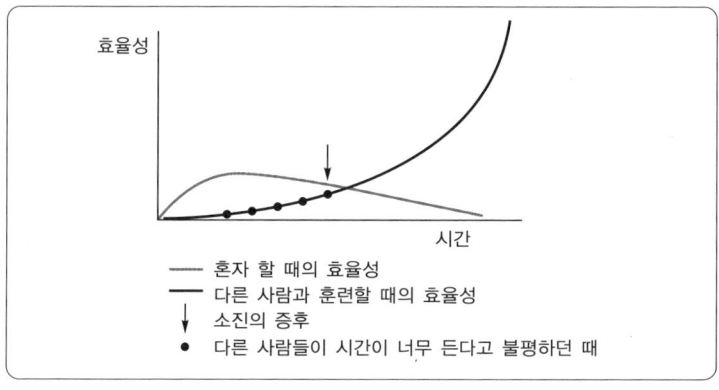

효율성

시간

—— 혼자 할 때의 효율성
—— 다른 사람과 훈련할 때의 효율성
↓ 소진의 증후
● 다른 사람들이 시간이 너무 든다고 불평하던 때

그림 4 [136)]

이런 이유로 예수께서는 공동체라는 환경에서 제자들을 훈련시키셨다.

③ 제자도[137]에 있어서 제자공동체가 명심해야 할 세 가지가 있다

ㄱ 먼저 제자는 뱀 같이 지혜롭고 비둘기처럼 순결해야 한다(마10:16). 지혜는 관계와 관련된 영역이며, 순결은 성숙과 성화의 영역이다. 사역은 관계와 성화라는 기반 위에서 진행되어야 한다.

ㄴ 제자는 예수님과의 인격적인 관계에서 사명적 존재임을 확신해야 한다. 그래야 성령에 의해서 힘을 얻으며 삶의 전 과정을 통해 발견되고, 믿음의 공동체와 일상 안에서 실천된다.[138]

ㄷ 영적 공동체는 사명(死命)을 사명(使命)으로 알고 설치는 악취나는 영혼들을 거부해야 한다.

사명이란 하나님의 사랑을 전하므로 영이 죽은 자들을 살리는 하나님의 일이자 사역이다. 이 일에 부르심을 받아 헌신하는 이들은 누구라도 사역자이다. 사역자는 하나님 사랑의 대리인이기에 먼저 그의 일거수일투족에서 하나님의 사랑이 체온처럼 자연스레 발산되어야 한다.

종교적으로 관습화된 겉치레질 수준의 '경건한 태도'를

신앙이라고 강조하는 이들이야말로 하나님의 사랑을 불통시키는 이들이다. 사랑의 발산은 눈꼽만큼도 없이, 그 사랑을 전하는 수단일 뿐인 자신의 재능과 끼만으로 (예를 들어 설교, 교육, 힐링, 찬양, 선교, 교회개척, 저술, 문화사역, 기도, 손섬김, 돈섬김 등등으로) 설치는 이들은 절대 사역자가 될 수 없다. 이들은 자기도 죽이고, 타인도 죽이는 사명자(死命者, killer)일뿐이다. 공동체는 사명(死命)을 사명(使命)으로 알고 설치는, 악취나는 영혼들을 거부해야 한다.

12) 영적 공동체는 '치유하는 공동체'이다.

한국사회는 힐링의 열풍이다. 이 열풍의 근본적인 원인은 극에 이른 불신과 부패로 인하여 나와 우리가 속한 공동체들이 붕괴되고 있는 현실을 극복할 수 있는 대안을 찾고자 하는 열망에서 기인한 것일 수 있다. 그러나 이렇게 외치는 힐링이 진정한 의미의 힐링인지, 자신과 타인 그리고 공동체를 죽이는 킬링인지를 어떻게 구별할 수 있을까?

① 치유는 하나님께 돌아가는 것이다

세상이 추구하는 몸의 치유, 마음의 치유, 정신 치유 등이 건강을 되찾는 것이 목적이라면, 진정한 치유는 삶의 방향을 하나님께로 돌려 샬롬을 되찾는 것이다. 세상의 치료에 의술이 필요하다면, 하나님의 치유에는 인간의 회개가 반드시 요구된다.

② 힐링인가 킬링인가?

하나님께 돌아가지 않는 힐링은 영혼의 킬링이다. 전쟁에서 승리하기 위해서는 전투에서 질 수도 있다. 그러나 하나의 전투에서 승리하기 위해 거대한 전쟁을 포기할 수는 없다. 이렇듯 우리는 하나님께 돌아가기 위해서라면 가장 중요한 것, 우리의 생명조차도 포기할 줄 알아야 한다. 자신의 몸과 마음, 또는 정신의 치유를 목적으로 하나님께 돌아가는 것을 포기하는 것은 킬링이다.

자기 하나 치유되겠다고 이웃과 주변의 모든 것을 파괴하고 하나님까지 비인격적으로 이용한다면 이는 하나님이 원하시는 치유가 아니다(마18:8~9). 오히려 킬링이다. 하나님이 원하시는 치유는 전인적 치유이다. 전인적 치유는 육체적 치유, 관계적 치유, 환경적 치유, 영적인 치유가 완벽하게 이루어진 상태로, 이를 샬롬이라 한다. 이런 의미에서 교회는 전인적 치유공동체이어야 한다.

③ 교회는 치유공동체이다

분명 "가장 최악의 상태에서도 사랑받고자 하는 갈망, 예수님과 친밀함을 누리는 안전한 관계에 들어가고자 하는 갈망은, 우리의 실패와 두려움보다 우리 존재에 훨씬 더 중요하다."[139] 그러나 우리가 스스로를 이렇게 생각하기는 어렵다. 우리는 사랑받고자 하는 갈망을 느끼기보다는 죄책감과 아픔을 더 잘 느낀다. 그리고 하나님이 의롭게 해주신 모습보다는 잘못된 모습을 우리 자신이라 생각하기 때문이다.[140] 이런 의미에서도 교회는 치유공동체이어야 한다.

④ 공동체는 고통과 고난을 치유하는 시스템을 구축해야 한다.

나는 2009년 1월 위암 수술을 했다. 위암을 앓으면서 적지 않은 고통(pain)을 경험했고, 아내와 가족 그리고 교우들은 고통당하는 나를 돌보아 주느라 많은 어려움(고난, suffering)을 감당했다. 암 수술 후 완치되는 과정에서 이분들이 애써 감당하신 고난을 평생 감사하며 살고 있다.

성도는 자신이 아픈 상황 속에서도 고통당하는 다른 지체들을 치유하기 위해 고난을 감당해야 한다. 상처를 받을 작정을 하고, 또 어떤 이는 스스로 고난을 감당하면서 타인의 고통을 치유하는 이들이 진정한 의미의 치유자이다.[141] 예수께서 그러하셨다. 스스로 고난을 당하심으로 우리의 고통을 감당하셨다(사53:1~12). 예수께서 십자가에서 고난을 당하신 것은 인류를 아픔으로부터 구원하기 위함이며, 또 고통당하는 이로 인해 고난을 감당하는 이들을 구원하시기 위함이었다.

공동체에는 치유와 회복을 위한 다음의 시스템들이 필요하다.

　㉠ 교회공동체들이 예방보다는 치료에 집중하고 있는데, 예방에 먼저 초점을 맞추는 시스템

　㉡ 고통당하는 이들을 위한 치유와 회복 시스템

　㉢ 사랑하는 이의 고통 때문에 고난을 당하는 이들을 치유하고 회복케 하는 시스템

　㉣ 스스로 고난을 감당하며 이웃의 고통을 치유하고 회복하는 일에 헌신하는 이들을 지원하는 시스템

13) 영적 공동체는 '변화 시스템이 작동되는 공동체'이다

　교회는 비정상적인 사람들을 정상적인 사람으로 변화시킬 수 있는 곳이어야 한다. 그림자에 지나지 않던 사람들이 진짜 인간으로 바뀌어야 한다. 이기주의와 자아중심주의의 파괴적인 습관에 중독된 채 거의 죽어가고 있던 사람들이,

심지어 상처를 입을 때에도 남을 사랑할 수 있는 풍요롭고 생기발랄한 삶의 변화를 경험한다. 동시에 이 동일한 능력으로 교회는 지역사회의 생활에 변화를 초래하는 곳이 될 수 있다.[142]

만약 행복하고자만 한다면 이 재미없는 집단인 교회에 출석해야 할 이유가 없다. 더욱이 잘 살려고만 한다면 이 무기력한 신사들의 집단인 교회에 다닐 이유 또한 없다. 그리고 일신상의 편안함과 건강만을 위한다면 이를 잘 제공하는 집단의 신봉자가 되었을 것이다. 내가 이 골치덩어리인 교회를 다닐 수밖에 없는 단 하나의, 너무나 분명한 이유가 있다. 그것은 교회야 말로 세상을 변화시킬 수 있는 유일한 거점이자 하나님의 진지(camp)이기 때문이다. 모든 성도는 하나님의 '변화의 대리인'으로 살아가야만 한다.

영적 공동체인 교회는 변화 시스템이다. 교회는 현실 속에서 영적 결과를 생산하기 위한 시스템으로서 환대 시스템, 코이노니아 시스템, 교육-훈련 시스템, 파송 시스템 등이 있어야 한다.

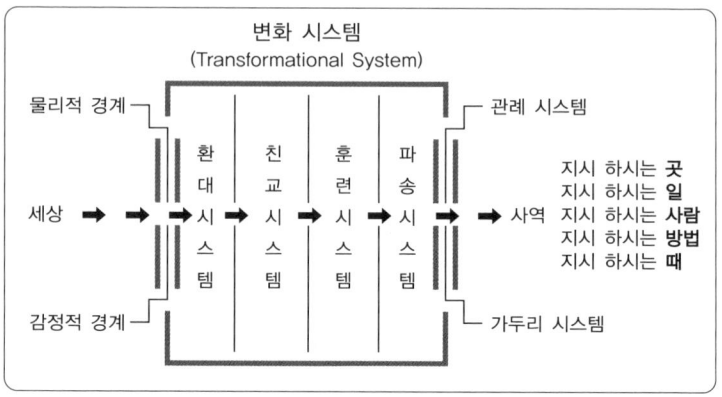

그림 5

태초에 공동체가 있었다

20) 2015년 7월에 현대식 공항으로 탈바꿈 했지만, 10년 전 당시, 1955년 건설되었던 북한 유일의 국제공항인 순안공항은 작고 초라했다.

21) 모자이크는 각양각색의 수많은 조각들로 조직적으로 구성되어 있어서 그 조각 하나 하나는 중요하게 보이지 않을 수 있다. 물론 자세히 들여다보면 그 중에 어떤 것들은 소중한 것처럼 보이지만 별로 가치가 없어 보이는 조각들도 있다. 또 반짝이는 조각도 있고, 빛을 흡수하여 어두운 색깔을 띄는 조각도 있다. 영적 공동체도 그렇다.

22) 위의 책, 55.

23) 유진 피터슨, 「부활을 살라」 127.

24) 위의 동일.

25) 위의 동일.

26) 유진 피터슨, 「다시 일어서는 목회」 244.

27) 위의 책, 292.

28) 마르바 던, 「희열의 공동체」 106.

29) 장 바니에, 「공동체와 복종」 280.

30) 마르바 던, 「희열의 공동체」 11.

31) 래리 크랩은 1999년 World Publishing에서 출판한 자신의 책 「The Safest Place On Earth」에서 요즘의 상처투성의 영적 공동체인 교회의 실상을 냉정하게 파헤침과 동시에 공동체의 소중함에 대해 다루고 있는데, 그는 "영적 공동체야 말로 이 땅에서 가장 안전한 곳"이라고 주장한다.

32) 그러므로 "아무리 작고, 아무리 경건이 부족하며, 아무리 일할 능력이 부족한 교회공동체 ─요한계시록의 일곱 교회를 생각해 보라─ 라도 기적적으로 만들어진 고귀한 선물이다. 아무리 미천하고 결점을 많이 가지고 있다 하더라도 그것은 하나님 나라를 보여주는 사례들이다."(유진 피터슨, 「다시 일어서는 목회」 269.)

33) "신약 성경의 교회는, 가장 강력한 전도는 그리스도의 임재, 능력, 목적 안에서 살아가는 믿는 자들의 공동체란 사실을 깨달았다."(그레이엄 톰

슨, 「매력적인 교회」 242.에서 재인용)

34) 결혼은 유전자가 섞이지 않은 두 남녀의 신비한 결합이다. 이는 단지 육
체적인 면에서 뿐만 아니라 정신적, 영적인 의미에서도 그렇다. 결혼은
육체적, 심리적, 정신적 영적으로 상대의 일부가 되는 것이 아니라. 서로
에게 유기적으로 상합된 유기체이다.

부부가 서로에게 가입한 관계일 때는 이혼할 가능성이 높다. 남편과 아내
가 각각 자기 영역에 또 자기 문화와 자기 습성 안으로 상대방이 가입해
오기를 원한다면 이는 하나 된 부부가 아니다. 서로에게 가입한 관계에서
는 사랑이 기능하지 못한다. 처음부터 사랑이 기능하지 못한 채 결혼한
부부가 이혼을 하게 되는 경우에는 이혼한 날이 부부 관계가 공식적으로
파괴된 날이지만, 실제로 이들의 관계는 처음부터 파괴되어 단지 외적으
로만 결혼관계를 유지해왔을 뿐이다.

35) 엡 4:15~16.

36) 헨리 나우웬, 「모든 것을 새롭게 만들고」 55.

37) 위의 책, 58.

38) '인간에게는 동행자처럼 되는 속성이 있다'고 한다. 빌 하이블스에 의하
면 "어리석은 자와 동행하면 어리석게 되고, 지혜로운 자와 동행하면 지
혜로워지고, 동정심 많은 이들과 동행하면 동정심 많은 자가 된다." 이렇
듯 "주님과 가까이 동행하면 그분의 사랑이 마음속에 뿌리내려 자라가는
것을 보게 될 것이며 주님을 본받고 싶어질 것이다." 그래서 "가난한 자
에게 눈뜨고 가난한 자에게 손 내밀며 가난한 자와 관계를 맺기 원하게
될 것이다. 그것도 단순히 인간적 의무감 때문이 아니라 진정 예수님의
마음을 품었기에 그렇게 할 것이다." 영적 공동체는 예수님의 마음을 품
고, 예수님을 따르기로 결단한 공동체이다.

39) 영적 공동체는 주께서 임재 하시는 공동체이다. 예수께서는 "두 세 사람
이 내 이름으로 모인 곳에 함께 하겠다". (마18:20)고 하셨다.

40) 장 바니에, 「공동체와 성장」 72.

41) 마이클 윌킨스, 「그분의 형상대로」 50~51.

42) 장 바니에, 위의 책, 72.

43) 독자들의 이해를 돕기 위해 내가 만든 신조어임

44) 김기영, 「일터@영성」 11~12.

45) Stanley Haurwas, Albert Mohler, 「Conviction to Lead」 79.

94

태초에 공동체가 있었다

46) 레너드 스윗, 「관계의 영성」 95.

47) http://blog.sinden.org/2009/04/liar-low-information-action-ratio.html

48) 오스왈드 샌더스, 「영적 성숙」 176.

49) '낮은 정보-행동 비율(Low Information-Action Ratio)'의 앞 글자만 모으면 'LIAR(거짓말)'이 된다는 사실에 주목하라. 성경을 읽고 하나님의 명령대로 행동하지 않는 삶의 모습은 우리를 거짓말쟁이로 만든다.

50) 현요한, 「탈무드 2」 334.

51) 레너드 스윗, 「관계의 영성」 122.

52) 설교자, 신학자, 성경공부 전문가, 큐티전문가, 묵상전문가들이 득실거리고 그 실력이 하늘을 찌르는 지금에, 그들이 열강하고 지난 간 뒤에 도대체 무슨 변화가 일어났는지… 대개의 경우 뱀이 지나간 자리처럼 아무런 일도 일어나지 않았다.

53) Randy Frazee, 「Making Room For Life」 97~99.

54) 토머스 머튼, Spiritual Direction and Meditation〉, (키이저 앤더슨, 「영적 멘토링」 l39에서 재인용)

55) 고든 & 게일 맥도날드, 「마음과 마음이 이어질 때」 124.

56) 2016년 3월 28일부터 7월 2일까지 95일 동안, 주향한 공동체의 세 가족 10명(엄마 3명, 10살 이하의 아이들 7명)이 어떤 형식으로도 예수님을 증거할 수 없는 지역에 거하며 현지인들의 삶을 배우고, 이들을 축복하시는 하나님을 경험하고 있는 중이다.

57) 이런 의미에서 공동체의 리더들은 싱가포르의 성 요셉 학원의 운영자로 "가르치는 것이 적을수록 배우는 것은 많아진다."고 주장하며 "새로운 방식의 교육을 실험하는 고티암 셍 박사를 경청해야 한다. (마거릿 헤퍼넌, 「경제의 배신」 84~89.)"고 박사의 실험이 중요한 이유는 정부에서도 암기에 의한 학습, 더 많은 시험, 순종적이고 전통적인 교육방법으로는 역동적이고 적응력 뛰어난 인력을 양성하지 못한다는 사실을 잘 알고 있기 때문이다. 지금은 '가르치는 것이 적을수록 배우는 것은 많아진다(Teach less, Learn More)'라는 새로운 접근을 통해 학교 시간표에 여백을 더 많이 집어넣어 미술과 음악 활동을 늘리고, 호기심을 자극하고, 학생들이 놀이를 좋아할 수 있게 노력하고 있다."(위의 책, 88.)

58) 이 용어는 상호 침투와 공재(共在)의 의미가 혼합된 개념인데 이종성은

이 용어를 상호통재(相互通在)로 번역했다. 이 번역은 한국어로 번역한 다른 어떤 번역보다 '페리코레시스'라는 용어를 가장 잘 번역한 것으로 생각된다. 왜냐하면 '페리코레시스'에는 관통한다는 의미와 함께 공재한다는 의미가 동시에 들어 있기 때문이다. 상호통재로서의 '페리코레시스'는 기독론에서 예수 그리스도께서 참 하나님이시고 참 사람이시다는 사람을 설명할 때와 인간에게 있어서의 영혼과 육체가 상호통재적 상태에 있다는 것을 말할 때 자주 인용되기도 했지만, 이 단어의 원래 뜻은 무대에서 춤추는 윤무(輪舞)에서 나온 말이었다. 이 용어는 성부와 성자와 성령께서는 독립적으로 존재하고 계신 것이 아니고, 상호 침투하셔서 성부는 성자 안에, 성자는 성부 안에, 성부와 성자는 성령 안에 거하시는 공재(共在)적 삶을 형성하고 있는 거룩한 삼위일체 하나님을 표현하는 용어가 되었고 동서교회는 모두 이 용어가 삼위일체 하나님을 표현하는 훌륭한 용어로 이의 없이 받아 들였다(교회를 위한 삼위일체 신학, 김명용 교수).

59) 성령 하나님의 작품인 영적 공동체는 성령에 의해서 태어나고 유지되는 공동체이다. 공동체가 성령에 이끌리지 않으면 공동체를 이루는 구성원들을 연결하고 있는 마디들이 굳어져 공동체 전체가 경직된다. 이 경직된 몸으로 공동체는 '성령과 더불어' 함께 할 수 없게 되어 "하나님의 다스림에 대한 희망은 말라 죽을 뿐이다."(볼프, 삼위일체와 교회 서문에서)

60) 마르바 던, 「내가 알아야 할 것을 창세기에서 배웠다」 47.

61) 성도들 개인을 보더라도, 일상에서 예수 그리스도를 전하는 사역이 매우 심각한 상태에 이르게 된다. 조지 바나의 보고에 의하면, 미국의 복음주의적 크리스천의 57%가 자신들의 복음을 증거하는 자로 부름심을 받았다는 사실을 인정하지만, 놀랍게도 가족과 친구에게 그리스도를 전하지 않고 있다. 레너드 스윗에 의하면, 미국의 한 교단의 성도 92%가 복음을 전혀 증거하고 있지 않다고 한다. 그러나 이러한 비극적인 상황에서도 희망을 가질 수 있는 것은 회심하여 교회에 출석하는 이들의 80%가 자신들이 친구와 친척, 이웃 그리고 직장동료의 인도함을 받았다는 것이다.

62) 유진 피터슨, 「한길 가는 순례자」 192.

63) 폴스티븐스 /마이클 그린, 「그분의 말씀 우리의 삶이 되어」 237.

64) 피더 로스, 「소울 케어」 200.

65) 탐 알렌 목사의 제안은 매우 유익하다. "나는 어느 누구에게나 이렇게 도전하고 싶다. 먼저 자기 자신이 격려하는 사람이 되어 시작해 보라! 이것

은 상호적인 것이다. 우리는 남들로부터 힘을 얻을 필요가 있으며 다른 이들의 사기를 북돋아 줄 책임이 있다. 다른 사람이 격려하는 말로 다가올 경우 마음이 상했던 성도들은 변할 것이다. 이 사역은 전염성이 있으므로 이제 시작하자!"(탐 알렌, 「영적 성장의 장애물」, 42.)

66) 위의 책, 61.

67) Harry Kim, 「태초에 관계가 있었다」 107~119.

68) 피터 스카지로, 「정서적으로 건강한 영성」 264.

69) 로버트 훼리시, 「관상과 식별」 14.

70) 디트리히 본회퍼, 「신도의 공동생활」 24.

71) 켄 헴필, 「안디옥 이펙트」 159.

72) 유진 피너슨/마르바 던, 311.

73) 오순절 다락방에서 성령을 받은 성도들은 "새 술에 취하였다"(행2:13)고 조롱받았다. 술 취한 사람이 술기운에 이끌려 간다. 영적인 사람은 성령에 이끌려 간다. 예수께서 광야에 시험받으러 가시는 상황을 성경은 "예수께서 성령에게 이끌리어 사탄에게 시험을 받으러 광야로 가사"(마4:1)로 표현하고 있다.

74) 레너드 스윗, 「관계의 영성」 66~68.

75) 어윈 루처, 「목사가 목사에게」 291.에서 재인용.

76) 영적 공동체는 "자기를 탄생시킨 그 이야기, 곧 예수의 사역, 삶, 죽음, 부활을 통하여 하나님이 자기를 비우신 이야기를 정규적으로 재연하며 이 이야기에 따라 사는 공동체"이다." (레슬리 뉴비긴, 「다원주의 사회에서의 복음」 230.)

77) 예배하는 성도는 예배라는 영적 수술대에 올라야 한다. 예배는 성도의 생각, 경험, 감정들이 해체되고 재조립당하는 영적 수술이다. 이 수술을 통해 성도는 위대한 의사이신 주님의 깊은 만져주심과 깊은 치유를 경험하게 되는 것이다.

78) 데브라 리엔스트라, 「영성의 시작」 290.

79) 최근의 IS의 만행과 이슬람권의 정치적 혼란, 도덕적 해이, 또 일본의 지진과 쓰나미와 같은 생태적 재난과 소식의 난무하는 시대 속에서 "하나님의 나라가 가까이 왔다"는 구원의 선포가 세속적인 정보의 범람 속에 파묻히고 있는 현실이다. 이 열악한 환경 속에서 영적 공동체로 살아가는 것은 실로 어려운 일이다. 이러한 상황 속에서 예배는 교회가 영적 공동

97

제2장/ 영적 공동체

체로서 존재하는 가장 신성한 길이다.

80) 마르바 던, 「희열의 공동체」 43.

81) 공동체 예배는 불신자들을 회심시키거나 그들에게 초점을 두어서는 안 된
다. 다시 말하지만 공동체 예배는 공동체와 지체들이 분해되고 재조립되
는 시간이다. 예배에 참석한 불신자들은 가만히 앉아서 하나님께서 공동
체에 역사 하시는 것을 목격하면 되는 것이다. (그레이엄 톰린, 「매력적인
교회」 242.)

82) "율법의 규칙이 인생을 지배할 때 우리의 가장 큰 두려움은 하나님의 진
노를 사는 것이다. 그러나 관계의 규칙 즉 '사랑의 법'이 인생을 지배할
때 우리의 가장 큰 두려움은 하나님 마음을 아프시게 하는 것이다." (마
르바 던, 「희열의 공동체」 195)

83) 래리 크렙, 「끊어진 관계 다시 잇기」 74.

84) Harry Kim, 「태초에 관계가 있었다」 62~63.

85) Harry Kim, 「크리스천 사업가와 BAM」 152.

86) 제랄드 메이, 「중독과 은혜」 219~220.

87) 위의 책, 23.

88) 위의 책, 138.

89) 레너드 스윗, 「관계의 영성」 64.

90) 힐러리 브랜드/아드리엔드 채플린, 「예술과 영혼」 399~400.

91) 위와 동일.

92) 제임스 보이스, 「평신도를 위한 조직신학」 868.에서 재인용.

93) 위와 동일.

94) "환대는 개방적이고 주의 깊게 우리 서로 서로를, 우리의 갈등을 그리고
새로운 우리의 생각들을 수용하는 것"이다. (Parker J. Palmer-「To
Know As We Are Known」 73~74)

95) 헨리 나우웬. 「영적 발돋음」 71.

96) 레너스 스윗, 「모던 시대의 교회는 가라」 287.

97) M. Scott Boren, 「The Relational Way」 42.

98) 레너드 스윗, 「나를 미치게 하는 예수」 122.

99) 유진 피터슨, 「한길 가는 순례자」 186~187.

100) 위의 책, 121.

101) 마르바 던, 「희열의 공동체」 269.

102) 위의 책, 269~270.

103) 위의 책, 271.

104) www.segye.com/content/html/2016/03/21/20160321001910. html?OutUrl=naver

105) 마르바 던, 「희열의 공동체」 270.

106) 충분한 시간을 들여 상대방의 이야기에 귀 기울지 않는 한, 결코 그의 즐거움과 슬픔이 무엇인지 알 수 없으며 이 부분이 가장 많이 실패하는 부분이다··· 중략 ··· 더욱이 우리의 문화는 서로를 위해 시간을 내어 주는 문화가 아니다··· 늘 분주한 사람은 슬퍼할 수 없고, 늘 일에 쫓기 며 사는 사람은 삶의 깊은 즐거움도 맛볼 수 없다. '함께 함'이 가능하 려면 대화, 예배, 경이로움, 기다림 가운데 보내는 시간이 필요하다. (위 의 책, 271)

107) 위의 책, 116~117.

108) 위의 책 149~150에서 재인용.

109) 위의 책, 151.

110) 데브라 리엔스트라, 292.

111) 마르바 던은 "전체 공동체가 사역을 위해 각 지체들이 진정으로 자신의 은사를 가지고 헌신할 때, 모두가 자신을 개인적 성도가 아니라 연합된 몸 안에 속한 자로 이해할 때, 지역 교회공동체에 실로 어떤 일이 일어 날지 상상해 보라."고 말했다. (마르바 던, 「희열의 공동체」 100.)

112) 데브라 리엔스트라, 283.

113) 위의 책, 117~118.

114) Harry Kim, 「태초에 관계가 있었다」 61~62.

115) 데브라 리엔스트라, 283.

116) 유진 피터슨/마르바 던, 「껍데기 목회자는 가라」 362.

117) 위의 책, 248.

118) 위의 책, 292.

119) 존 엘드리지, 「인간의 욕망」 242~244.

120) 팀 켈러, 「일과 영성」 97.

121) Harry Kim, 「크리스천 사업가와 BAM」 168.

122) 그러나 재능은 노력(연습과 훈련)에 의해 그 능력이 탁월해진다. 연습이 천재를 만든다. 재능은 식탁에서 쓰는 소금보다 흔하다. "재능 있는 사

람과 성공한 사람을 구분 짓는 기준은 오로지 엄청난 노력뿐이다. 타고
난 재능을 가지고 있다는 것은 출발선에서 조금 앞에 섰다는 의미에 불
과하다." (스티븐 킹)

123) 미술쪽에선 렘브란트와 루오가 있다면 음악으로는 바흐가 그 탁월함으
로 하나님을 높였다. 역사상 가장 위대한 작곡자였던 바흐의 인생의 모
토는 "모든 재능을 주님으로부터, 그리고 이 재능을 주님을 위하여!"였
다. 바흐는 자신 작곡한 모든 곡의 시작 부부마다 '예수님이 나를 도우
신다'는 뜻의 'Jesus Juva'로 적고 모든 악보의 마지막에는 자필로 '하
나님께만 영광을' 이란 뜻의 'Soli Deo Gloria'을 줄여서 S.D.G라고 서
명했다. (피터 그리어, 「우리 시대의 선행과 영적 위험, 율리시스」 195.)

124) Jenner, Edward(1749.5.17~1823.1.26)는 영국의 의학자로 우두접종
법을 발견하였다.

125) 필립 얀시, 기도, 470.

126) 로버트 프레이저, 「마켓플라이스 크리스천」 19.

127) 팀 켈러, 94.에서 재인용

128) Harry Kim, 「크리스천 사업가와 BAM」 160~164.

129) 위의 책, 141~142.

130) 데니스 베커, 「일의 즐거움」 280.

131) "이 대의를 위하여 우리 모두 예수님의 제자가 됩시다. 그리고 성도답게
사는 법을 배웁시다. 누구든지 성도라는 이름 외에 다른 이름으로 불리
는 자는 하나님께로서 난 자가 아닙니다." 이그나시우스가 '마그네시아
교인에게 보내는 편지' 중에서.

132) 빌 하이블스는 자신의 책 「나는 크리스천입니다」에서 유사 기독교 또는
유사 성도의 12유형을 제시한다.

133) 오스왈드 샌더스, 176.

134) 위와 동일.

135) Kent Humphreys, 「Last Investmens」 71-85.

136) 다니엘 파운틴, 「전인치유의 하나님」 224.

137) 마이클 윌킨스는 제자도를 다음과 같이 정의한다. "제자도란 예수 그리
스도 및 그의 백성과 연합해서 그리스도의 형상을 닮도록 자라나며, 다
른 이들이 예수님을 알고 닮아가도록 도와 주면서 세상 속에서 인간으
로 충만한 삶을 살아간다는 뜻이다." (마이클 윌킨스, 「그분의 형상대

로」61.)

138) 위의 책, 69.

139) 래리 크랩, 「관계의 공동체」 70.

140) 위의 책, 71.

141) 헨리 나우웬이 「상처입은 치유자」에서 주장했듯이 삶의 고통으로 마음에 상처를 받아 본 사람만이 고통당하는 이들을 치유할 수 있다.

142) "하나님의 통치는 교회뿐 아니라 전체 피조물로 확장되어간다. 건강한 교회는 그 주변에서 온통 하나님의 통치가 효력을 발생하며 두드러지게 나타나는 것을 볼 것이다. 교회가 병 고침을 위해서 기도할 때 사람들은 우리를 위한 하나님의 돌보심을 증거할 신체적 건강을 다시 찾게 될 것이다. 가정을 개방하고, 나그네들을 환대하고, 마약 중독자들을 위한 기독교 재활 센터를 건립하는 등의 사려 깊고 친절한 행동은 하나님의 통치하심을 실증하며, 교회만이 아니라 온 세상에 커다란 변화를 초래할 것이다." (그레이엄 톰린, 194~195.)

제3장

영적 공동체를
파괴하는 것들

"가방 안에 깨질 물건이 있습니까?" 비행기 타기 전 짐을 부칠 때 항공사 직원이 꼭 묻는 질문이다. 깨질 것이 있다고 하면 짐가방에 영어로 Fragile(프레질)이라고 쓰인 스티커를 가방에 붙인다. 그러면 목적지에 도착해서 짐을 찾을 때까지 담당자들이 짐을 조심해서 취급한다.

나는 이 시대 최고의 가수 스팅(Sting)의 마니아다. 그가 부른 대부분의 노래들을 좋아하지만, 그 중 프레질(Fragile)은 가장 매력적인 곡이다. 스팅이 절규하듯 반복하여 부르며 끝내는 마지막 가사가 압권이다. "*How fragile we are. How fragile we are*⋯" 이 절규처럼 인간은 너무 연약하다.

태초에 공동체가 있었다

만물의 영장이라는 인간은 참으로 쉽게 깨어진다. 권력에 대해 그토록 집착하지만 권력 앞에 쉽게 무너지고, 사랑에 그토록 집요하면서도 사랑 때문에 깨어지고, 돈에 그토록 생명을 걸면서도 돈 때문에 영혼까지 팔아먹는 게 인간이 아닌가. 인간은 이렇게 연약하다.

그러나 이런 우리보다 더 연약한 게 있다. 영적 공동체다. 영적 공동체는 이 세상에서 가장 안전한 곳이지만 실은 가장 연약하여 조심스럽게 보호하지 않으면 언제라도 깨질 수 있다. 먼저 영적 공동체는 외부의 힘에 의해 깨지기 보다는 공동체는 내부적인 요인인 성도 사이에 영적 관계가 파괴되었을 때 깨어진다.

나보다 공동체를 우선으로 여기지 않으면 공동체의 소중함이 상실된다. 매사에 가족을 먼저 챙기는 것은 본능이지만, 가족보다 공동체를 우선으로 여기는 노력이 없으면 공동체는 파괴된다.

누구나 잘 알고 있는 '벌거벗은 임금님과 사기꾼' 이야기가 있다. 사기임을 다 알면서도 모두가 쉬쉬하고 있는 상황에서 순진한 한 아이의 한마디가 이 사건의 전모를 들추어냈다는 이야기다.

교회공동체는 어떨까? 투명성 부재, 기득권 이기주의, 배타정신 등이 가져다주는 문제들로 교회가 잘못되고 있는 줄 알면서도 다들 입을 다물고만 있지는 않은지… 성경은 이 불편한 진실을 금지하고 있다(롬15:5~7).

교회 내부엔 공동체를 파괴하는 많은 요인들이 있다. 성도 개인적인 요인들로는 개인주의, 일상에서의 영적 분별력 상실, 금이 가고 파괴된 관계, 영적 체험주의 등이 있고,[143] 시스템적인 요인으로는 율법주의, 영적 학대 시스템, 전통에 찌든 시스템, 가두리 시스템, 끊임없이 반복되는 리더십의 갈등과 분규 시스템, 제도화, 프로그램주의, 양도둑질 등이 있다.

사탄은 이렇듯 영적 공동체 형성과 유지, 그리고 그 사역을 주도면밀하게 방해한다. 물론 영적 공동체를 파괴하기 위함이다.

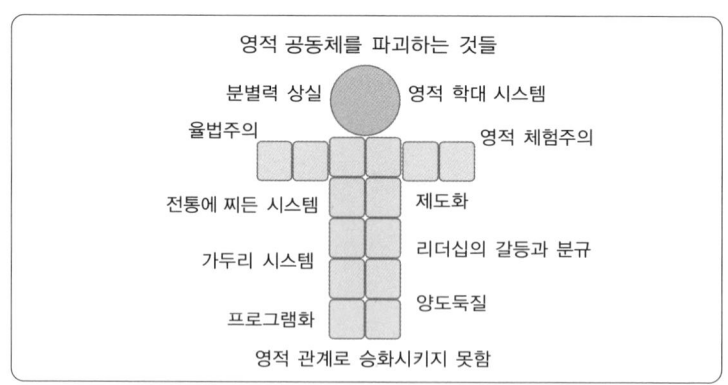

그림 6

태초에 공동체가 있었다

1) 개인주의

교회는 늘 공동체가 되지 못하는 어려움에 직면해 왔는데 이를 극복하지 못하게 하는 주범이 개인주의이다. 개인주의 는 개인만을 강조하고 개인의 삶을 지나치게 향유케 함으로 공동체를 외면하게 한다. "입으로는 다들 공동체와 우정, 사 랑을 원한다고 말하지만 '책임'과 '헌신'이란 말을 꺼내기가 무섭게 줄행랑을 치고마는 현실이다."[144]

이 현실에서 '성도는 단절된 개인이 아니라 교회공동체의 가족이다'.라는 말이 무색하지 않을 수 없다.[145] 윌리엄 채드 윅에 의하면 "교회가 무엇인지 이해하지 못하고, 그리스도의 몸의 다양성을 가치있게 여기지 못하며, 사역에서 하나 됨의 힘을 깨닫지 못하고, 평안의 매는 띠인 사랑에 투자하지 못할 때 교단과 교회와 개인들 사이에 개인주의가 생겨났다."[146]

다음은 개인주의의 예들이다.[147]

- 다른 사람에 대한 배려보다 자신에 대한 생각
- 화해보다는 소송[148]
- 공동체의 책임보다 개인적인 권리
- 회사에 대한 충성보다 개인의 승진
- 신뢰보다 냉소(알지 못하는 그를 어떻게 믿을 수 있겠는가?)
- 절대적인 진리보다 상대적인 진리(진리는 각 개인에 의해, 개인을 위해 정의된다)

성경은 이웃을 사랑하며 공동체로 살라고 하지만[149] '개인주의와 복음 사이에서' 그리고 '개인주의와 공동체 사이에서'의 갈등을 더 이상 외면할 수 없는 상황에 처한 성도는 개인주의의 어두운 그늘을 벗어나기 힘든 상황에 직면해 있다.[150] 이 세대는 공동체의 결속보다 개인의 자유를 더 우선하도록 강요하지만, 개인주의는 성경적 태도가 아니다(잠18:1).

2) 일상에서의 영적 분별력의 상실

영적 분별력은 하나님의 영으로 충만한 사람들의 신령한 은사로(고전2:9~16) 헬라어 원뜻은 '통찰력과 명료성'이다. 바울이 합리적이며 훈련된 이해력을 요구한다고 믿었던(고전14:15~17) 영적 분별력은 하나님의 뜻과 사탄의 뜻, 세상의 뜻을 구별하는 것이다. 성도는 전방위적인 영적 공격을 받는다.[151]

① '여기가 좋사오니'에 무너지고,

② '생존의 위한 경쟁'에서 무너지고,

③ '자신의 왕국과 영역, 지배력' 확보에 올인하면서 공동체에 헌신도가 낮아지고,

④ 영적 친구와의 관계도 소원해지고,

⑤ 영적 독서에 무관심해지면서 영적 분별력을 상실하고 있다.[152]

영적 분별력을 상실하면 누구라도 부정확한 영적 판단을 내리게 된다. 때문에 하나님의 일을 사탄의 일이라고 오해하기도 하고,[153] 사탄의 일을 하나님의 일이라고 여기기도 한다 (막3:22, 29). 영적 분별력을 상실한 성도는 영적 공동체를 파괴하고, 영적 분별력을 행사하지 못하는 영적 공동체는 스스로 세상을 구원하는 창을 닫게 된다.

3) 영적 관계의 부재

영적 관계는 예수 안에서 하나님이 맺어주신 아가페 관계이다. 영적 관계가 맺어져야만 아가페 사랑이 서로에게 흐르게 되며, 조건과 제한없이 타인에게도 흘려보내게 된다. 아낌없이 주고, 기쁘게 섬기며, 무조건 믿어주며 서로에게 헌신할 때 기적은 발생한다. 이 사랑의 관계에서 우리는 창조적 존재가 된다.

영적 공동체는 구성원 모두가 영적 관계를 이루어 선한 목표를 향해 나아갈 수 있는 영적 시너지를 발산해야 한다. 그러나 공동체의 목표 상실, 리더십 충돌, 파당과 분쟁 등의 다양한 원인으로 영적 관계가 파괴되면, 교회의 화려하고 위엄 있는 외관과는 달리 성도들은 파괴된 관계로 인해 신음하게 된다. 이런 공동체는 관계가 뒤틀려 가식만 남아 있고, 고통당하는 자들은 그대로 고통당하기만 하고, 억압과 일치를 강요하는 무기력한 곳으로 전락할 수밖에 없다.[154]

4) 영적 체험주의

"우리는 영적 체험을 하는 인간이 아니라 인간의 체험을
하는 영적 존재이다."[155] – Teilhard de Chardin.

주변에 영성훈련을 한다며 결국은 영적 체험을 시도하는
교회들이 있다. 교회가 영적 체험을 중요시할 수도 있고, 입
소문으로 영적 체험주의자들이 몰려드는 경우일 수도 있다.

영적 체험이 반복되면 영적 체험주의에 빠지게 되고, 교회
는 영적 체험주의자들에 의해 휘둘리게 된다. 이렇게 되면
반지성적 분위기를 거부하는 성도들은 교회를 떠난다. 영적
체험주의자들만 남고, 또 영적 체험주의자들만 유입된다.

교회 갈등과 분리를 일으키는 대표적인 집단 중 하나인 영
적 체험주의자들은 그리스도의 몸인 교회공동체에 상처를
주고, 파괴하기를 주저하지 않는다.

① 영적 체험주의

영적 체험은 세속적 삶을 영적인 삶으로 빠르게 전환케 하
고, 신앙의 가속화와 전적인 헌신을 유도한다는 점에서 긍정
적이다.[156]

그러나 영적 체험의 중독인 영적 체험주의는 심각하다. 무

태초에 공동체가 있었다

엇보다 영적 체험주의는 영적 성숙을 막는다. 영적 체험주의는 영적 체험의 그 현장을 늘 사모하게 하고, 영적 체험을 함께했던 이들과의 강력한 연합으로 다른 성도들과 분리된다. 영적 체험이라는 잣대로 다른 신앙인들을 비판하고, 영적 체험의 강도에 따라 체험자들이 계급화되는 성향이 있다.

이런 요인들로 인해 영적 체험주의는 개인의 영적 성숙을 막고 공동체를 병들게 한다. 일상을 회피하여 영적 체험을 즐기고 또 이에 목말라 하는 이들일수록 영적으로 미숙한 경향이 짙다.

② 영적 체험주의들과 영적 미성숙[157]

영적으로 성숙한 사람은 일상 속에서 성령의 사역을 인정하고 자기 체험의 정당성을 입증해 줄 영적 공동체, 영적 친구, 기독교 전통 등을 알고 있으며, 자신들이 공동체에서 성장하고 있음을 잘 안다. 이들은 신령한 미덕이 있으며(빌1:15~17) 자신을 바르게 하기 위해 지도자를 찾는 일을 기뻐한다(잠2:3~4, 1~13, 3:12~16).

반면에 영적으로 미성숙한 사람은, 자기는 모든 것을 알고 있어서 누구한테서도 배울 필요가 없다고 확신한다(고전4:8~21). 이 사람들은 하나님께서 자기들에게 분명한 '징조와 경고'를 보여 주셔야만 자신들의 생각을 바꾸거나 움직이

는데 이럴 때도 그 '징조와 경고'가 자신들이 제시했거나 기대했던 조건에 맞아야 한다.[158]

이들은 요란스러운 은사들에 매혹되며, 자신들의 태도나 성격으로 미성숙을 그대로 드러내기 때문에(고전5:1~13) 교회공동체의 갈등과 분규의 뿌리에 늘 등장한다.[159]

영적 성숙과 영적 체험주의의 미성숙

① 영적 성숙은 질(質)을 추구하고, 영적 체험주의의 미성숙은 양(量)을 추구 한다.
② 영적 성숙은 성령을 따라 살고, 영적 체험주의의 미성숙은 직관을 따라 산다.[160]
③ 영적 성숙은 영원한 것을 추구하고 영적 체험주의의 미성숙은 일시적인 것을 추구한다.
④ 영적 성숙은 인격적이나 영적 체험주의의 미성숙은 비인격적이다.
⑤ 영적 성숙은 아가페 사랑의 차원이라면 영적 체험주의의 미성숙은 로맨스나 에로스적 차원이다.
⑥ 영적 성숙은 일생의 여정이나 영적 체험주의의 미성숙은 일순간의 불장난이다.
⑦ 영적 성숙은 일상을 직면하나 영적 체험주의의 미성숙은 일상을 도피한다.

⑧ 영적 성숙은 주는 것이라면 영적 체험주의의 미성숙은 챙기는 것이다.

⑨ 영적 성숙이 정기적금이라면 영적 체험주의의 미성숙은 복권과 같다.

⑩ 영적 성숙이 공동체적이라면 영적 체험주의의 미성숙은 개인적이다.

5) 율법주의

장 바니에는 "율법이 사람들 위에 군림할 때, 그 율법은 공동체를 닫힌 곳이 되게 할 수 있다. 그리고 율법은 너무 엄격한 것이어서 모든 구성원들이 압박감을 느끼게 된다."고 말했다.[161] 율법주의는 극단적 이원론을 강조하여, 성직과 비성직, 거룩한 것과 세속적인 것을 엄격히 분리하여 세상과 교회를 차단시키고 교인들을 세상과 분리시킨다.

성도들이 세상에서 소금과 빛으로 살기 위해서는 그 적응력과 경쟁력이 필요한데 율법주의는 이를 엄격히 통제한다. 융통성이 없이 성경을 적용하는 율법주의는 세상을 섬기는 것이 소명인 직업을 너무 세속화하여 성도들이 이원론적 삶을 살도록 강요한다. 율법주의적 바리새인들이 그랬다.[162]

① 율법과 율법주의(자)

영적 체험은 소중하지만 영적 체험주의는 위험하듯이, 율법은 중요하지만 율법주의는 대단히 위험하다. 사랑은 율법의 완성인데(롬13:10), 율법주의에서는 율법이 사랑을 지배하며 타성이 영성을, 갈등이 화해를, 분리가 조화를 지배하고 모든 변화를 억제한다.

바리새인으로 상징되는 율법주의자들은 자신들이 의무를 모두 행해야만 한다고 집착하다가 자신들의 영혼은 자신들과 타인들에게 그토록 엄격하게 강요하는 율법의 실천이라는 덫에 고립되어 버렸다. 이들은 소금과 빛의 삶을 살게 하는 추진력을 상실했다. 이들에게서 환대, 섬김, 아가페 사랑, 선교적 삶 등과 같이 이타적인 에너지를 기대할 수는 없다. 이타적 에너지가 없는 율법주의자들이 존재하는 곳에는 늘 정죄와 편협한 신조와 폐쇄성이 함께 한다.

② 율법의 도덕화

율법주의가 최악으로 변질되는 때는 율법을 도덕적 관점으로 해석하고 적용하는 때다. 이렇게 되면 율법이라는 도덕적 잣대로 성도와 삶이 평가된다. 이런 평가가 지배하는 공동체는 은혜와 기쁨은 사라지고 엄격함, 정죄 그리고 극단적 폐쇄성이라는 그림자에 뒤덮이게 된다.

태초에 공동체가 있었다

③ 율법주의로 변질되는 영적 훈련

교회공동체는 제자도가 이루어지는 영적 관계의 장이다. 율법주의는 변질된 영적 훈련을 강요하거나 또는 영적 훈련 그 자체의 변질로 인해 영적 관계를 파괴한다. 리처드 포스터는 『영적 훈련과 성장』에서 다음과 같은 경우에 영적 훈련이 율법주의로 변질된다고 한다.[163]

- 하나님과 관계를 맺기 위한 필수 조건이라며 훈련을 남들에게 강요한다.
- 사람들을 조종하고 통제하기 위한 수단으로 훈련을 사용한다.
- 훈련한 대로 하지 않는 사람을 비판하는 것이 목적이다.
- 분열이나 교만을 낳는다.

영적 훈련이 율법주의로 변질된 결과를 보면 그것이 지금 한국교회의 현실이다. 한국교회의 율법주의는 유교와 국수주의적인 탈을 쓴다. 가부장적이며, 장유유서적이고, 남성 우월적이며, 변화 거부적이다. 이러한 것들은 교회와 성도를 세상과 분리된 존재가 아닌 고립된 존재로 만든다. 소금과 빛으로 섬겨야 할 세상에서 스스로 왕따를 자처하는 모순에 빠진다.

예수님의 모습을 닮으려면 성도는 반드시 율법주의로부터 탈출해야만 한다.[164] 율법주의에 지배당하는 교회, 율법주의에 학대당하는 성도들이 적지 않다. 은혜를 사모하는 성도라면 율법주의에 지배당하는 교회와 자기를 학대하는 율법주의를 강력히 저항하든지, 그 학대로부터 탈출해야 한다.

> 바리새인들은 지식과 완벽한 행위로 그들의 소망을 규칙과 규율 속에 가두어 버렸다. 영혼의 목마름을 하나의 의무로 박제시켜 그들의 영혼이 지닌 유일한 소망마저 계속 죽이려고 했다. 자기 의무를 다하고 있다고 생각하면서 말이다. 삶에 대한 약속과 욕망으로의 초대는 지식과 행위에 초점을 둔 종교적인 가르침 속에서 다시 길을 잃고 만다.[165]

6) 영적 학대 시스템(Spiritual Abuse System)

다시 벌거벗은 임금님과 사기꾼 이야기를 하자. 임금님이 실오라기 하나 안 걸치고 말을 타고 가는데, 그 누구도 임금님이 벌거벗었다고 말하는 자가 없었다. 진실을 말하기 두려웠을 수도 있었을 것이고, 진실을 말한 후에 발생할 일에 연루되는 것이 귀찮을 수도, 또 다른 이유도 있었을 것이다. 모든 사람들은 쉬쉬하고 있을 뿐 아무도 진실을 말하지 않았

태초에 공동체가 있었다

다. 소위 '사이비 공동체'의 전형적이 모습이자 '영적 학대가 진행되는 공동체의 모습'이다.[166]

로널드 엔드로는 자신의 책 『학대하는 교회』에서 5가지 학대의 영역을 규정하고 있다.[167]

첫째, 율법주의다.

둘째, 권위주의적 지도자이다. "권위주의적인 리더십은 교인들을 극단적으로 통제한다. 모든 결정 과정을 대개 지도자들에게 의존하게 만듦으로써, 지도자들이 '하나님'이 된다. 불순종은 무서운 재앙을 가져올 것이라는 두려움 때문에, 교인들은 억압과 두려움 가운데 살 수밖에 없다."

셋째, 조종이다. "조정은 리더의 위치에서 교인들의 동의를 끌어내려는 시도를 포함한다. 이것이 학대행위인 것은 여기에 자주 공갈 협박이 동반되기 때문이다."[168]

넷째, 지나친 징계이다. "비협조적인 교인들에 대한 지나친 징계도 학대에 속한다. 좀더 온전한 형태로는 교회 활동 참여 금지가 이에 포함되며, 좀더 공격적인 행동으로는 언어적, 신체적, 심리적 공격이 포함된다."[169]

다섯째, 영적 협박이다. "교인들을 학대하는 교회는 교인들을 통제하기 위해 영적 위협을 가할 때가 많다. 가장 두드러진 예로, 몰몬교는 신앙을 버리는 자가 누가 되었든지 추방과 영적 저주라는 가혹한 조치를 취한다."[170]

영적 학대는 교회의 유기체를 파괴한다. 영적 학대는 거룩한 것과 세속적인 것을 날카롭게 가르고, 거룩을 유지하기 위해 '아직 거룩하게 되지 않는 것'을 철저하게 배척하고, 파괴하기까지 한다. 영적 학대가 시스템화 되면 영적 학대를 당하는 성도들에게 공동체는 자신들을 짓누르며 통제하는 조직일 뿐이다.[171]

교회가 이렇게 사랑의 유기체가 아닌 조직이 되면, 교회 내부에는 영적 학대 시스템이 작동하는데 그 대표적인 현상은 아래와 같다.

- 그 은혜와 믿음과 사랑까지도 제도화하여 거룩한 하나님의 능력인 권능과 생동력을 상실하게 한다.
- 기득권자들이 정해 놓은 규례와 전승에 따라 종교 생활에 헌신하도록 만들어, 공동체의 구성원들로 하여금 하나님을 더 깊이 알고, 더 깊이 이해하고, 더 깊이 체험할 수 있는 영적 성숙의 기회를 빼앗긴다.
- 성도의 영적 기대와 욕구가 무시된다.

이런 상황에서 성도들은 기쁨과 은혜를 상실한 채 의무적으로 교회에 출석하는 '영적으로 잠든 성도', 또는 '좌절한 성도'가 된다. 영적 학대가 진행되는 교회의 성도들은 교회에서 영적 관계를 경험하지 못하며 영적 관계가 가능하다는

태초에 공동체가 있었다

것 자체에 대해서도 의심한다.[172] 임금님이 사기를 당해 벌거 벗고 행진하는 데도 침묵했던 백성들처럼 성도들은 교회의 모든 일에 대해 침묵할 뿐이다. 그러다 일부 성도들은 영적 학대가 진행되는 교회를 떠나 자신들의 기대와 욕구를 영적 으로 충족 시켜주는 교회를 기웃거리게 된다.

7) 전통에 찌든 시스템(Convention System)

거룩은 공동체를 하나 되게 하기 위하여 자신을 희생하는 것이다. 거룩은 늘 숨겨져서 가정에서, 집단에서 공동체에 서, 교회에서, 국가에서 색깔도 없고, 냄새도 없다. 거룩은 늘 하나 됨을 이루는 희생의 촉매로 사라질 뿐이다.

자신들이 정해놓은 기준으로 거룩을 유지하기 위하여 그 기준에 이르지 못한 이들을 추방하고 거부하는 행위는 폭력 이다. 전통에 찌든 시스템에서 거룩한 것과 세속적인 것을 날카롭게 가르고 거룩을 유지하기 위해 '아직 거룩하게 되지 않는 것'을 철저하게 배척하고, 파괴하기까지 한다.

① 전통에 찌든 시스템에서는 성도를 희생시켜 조직을 강 화한다

공동체의 기득권자들이 '이만큼만', '이렇게 믿기만 하면 된다'고 정해 놓은 규례와 전승에 따라 종교 생활에 헌신하도록 만들어, 제도와 전통과 법이 강하다. 성도를 희생시키고, 조직을 강화하면서 그 속한 조직을 유지해 나간다. 정해 놓은 법과 방법에 어긋나는 것은 지적하고 색출하여 철저히 제거한다.

또한 전통에 찌든 시스템은 그 시스템 자체를 유지하는 것이 목적이므로 이를 위해 성도와 영적인 모든 것을 과감히 희생시키는 것을 너무나도 당연시 여긴다. 이런 교회에 영적 공동체가 존재할 여지는 없다.

② 전통에 찌든 시스템은 교회의 생명인 영적 공동체성을 파괴한다

전통에 찌든 시스템이 작동되면, 성도들은 율법주의, 권위주의적 지도자, 조종, 지나친 징계, 영적 협박 등에 시달리게 되고, 이에 탈진하기도 하고 실망한다. 이 상태가 지속되면 성도들은 '휴브리스'와 '제도피로 현상'이라는 중병에 시달리다 교회를 떠난다.

ⓖ 휴브리스(hubris) : 과거에 한 번 성공한 창조적 소수가 자기의 능력과 과거의 방법론을 우상화하는 과오를 말하는데 토인비는 이를 휴브리스라고 불렀다.[173] 과거에는 공동체의 창조적 소수로서 위대한 사역의 업적을 남겼으나, 지금은 그 '휴브리스

의 덫'에 걸려 공동체를 비효율적 시스템에 가두고
있는 그런 기득권자들의 합법적 횡포를 성도는 참
으로 경계해야 한다.

ⓛ 제도피로(System Fatigue) 현상 : 아무리 좋은 제
도라도 시간이 지나면 비효율적인 제도가 된다.
적절한 제도보완이 이루어지지 않으면 제도피로
현상이 생긴다. 교회가 성장하던 과거의 전통에
묶여 있으면 제도피로 현상에 빠진다.[174]

8) 가두리 시스템

교회에서 보내는 시간을 최소화하는 것은 좋지만, 단 전제
가 있습니다. 교회당 밖에서 하나님과 함께 누리는 실력을
갖춘 다음에 그래야 합니다. 그렇지 않으면서 교회에서 보
내는 시간까지 줄이면 출발부터 실격입니다. 교회에서 보
내는 시간을 최소화하고 식탁에서 주님을 만나고, 가족과
함께 주님을 즐기고, 자연 속에서 주님을 보고 듣고, 이웃
과 주님의 사랑을 누려야 합니다. 대안 없이 예배당 안에
교인들을 붙잡아 놓는 가르침 때문에 한국교회는 초보성을
벗어나지 못하고 있습니다. 눈을 들면 더 높고 깊은 영적
세계가 있는 것을 모르고 말입니다.   - 주명수

제3장/ 영적 공동체를 파괴하는 것들

언젠가 '교회에 가 있는 시간을 최소화하라'고 페이스북에 글을 올렸더니, 변호사이자 일터사역자, 영성가인 주명수 목사께서 위의 댓글을 달아주셨는데, 전적으로 동의한다.

① 양으로 질을 대체하려는 덫(Quantity, not Quality Trap)

부모가 밖에서 일을 하면 자녀들과 함께 보내는 시간이 상대적으로 모자랄 수밖에 없다. 이런 경우 흔하게 걸리는 덫이 있다. 이름 하여 '질로 양을 대체하려는 덫(Quality , not Quantity Trap)'이다. 가족들과 함께 가능한 많은 시간을 보내지 못하는 문제를 의미 있는 짧은 시간으로 대체하는 것은 바람직하지 못하다. 이렇게 자란 자녀에게서 건강한 사회성을 기대하기는 힘들다. 가족관계에서는 의미 있는 짧은 시간보다는 전가족이 일상을 함께 누릴 수 있는 많은 시간이 더 소중하고 필요하다.

이와는 반대로 '양으로 질을 대체하려는 덫'도 있다. 수단과 방법을 안 가리고 성도들을 교회 안에 가두는 가두리 시스템이 그렇다. 다양한 프로그램과 세미나 등으로 성도들을 교회에 가두는 이 덫에 걸리면 성도들은 교회라는 가두리 시스템 안에서 자기들만의 문화를 즐기며 고립을 자초할 뿐이지, 교회를 떠난 일상에서 또 일터와 사회에서 아가페 사랑과 복음의 영향을 끼치는 일엔 관심이 없게 된다.

양으로 질을 대체하는 가두리 시스템은 맛과 기능을 상실하여 버려진 소금과 같은 성도를 양산할 뿐이다.

② 가두리 시스템은 바람직하지 않다[175]

영적 공동체는 성도를 영적으로 무장시켜 일터로 파송하는 훈련소이어야 한다. 신약성경에 의하면 예수님이 132번 등장하시는데, 그 중 122번이 일터였다. 예수님의 공생애 사역이 그만큼 일상의 삶과 일에 집중되어 있었다. 성도는 일터를 매우 소중히 섬겨야 한다. '교회가 일터로 확장되는 것이 교회공동체의 존재 이유다. 성도는 삶의 현장에서 복음을 전하는데 책임감을 가져야 한다.

그러나 교회 '안'의 일들에 너무 집중하다 보면 교회 '밖'에서 사람을 낚는 어부로서의 역할을 망각해버린다. "더 이상 사람 낚는 어부가 아니라 수족관 관리인이 되어 버린 성도들이 너무 많다."[176] 모든 교회가 가두리 시스템을 작동하는 것은 아니지만, 가두리 시스템만으로 성장한 교회는 바람직하지 않다. 가두리 시스템은 교인들의 리더십 성장을 막는다. 이 시스템에 속한 교인들에게는 불행이다.

③ 가두리 시스템에 갇힌 성도는 근시안적이다

근시안적 자기 꿈에 사로잡혀 있으면 리더십 성장이 안 될

123

다. 가두리 시스템에서는 하나님의 눈으로 세상을 보고 지구촌의 주역이자 세계인으로 세상을 보는 비전에 사로잡히는 것은 불가능하다. 따라서 성도들의 리더십 성장을 기대할 수 없어 세상을 품는 리더십을 가질 수 없다.

가두리 시스템을 작동하는 교회는 구원의 창도 되지 못하고, 세상을 변화시키는 변화의 대리자도 되지 못한다. 가두리 시스템은 조직으로서의 교회를 운영하는 하나의 시스템일 수는 있으나, 사역적 몸으로서의 교회의 기능을 할 수는 없다. 이에 속한 성도들은 이 시스템에 충성하는 것이 과연 그리스도께 충성하는 것인지에 대해 심각하게 자문해야 한다. 이러한 성찰 없이 이 시스템에 헌신하는 성도는 가장 불행한 성도다.

④ 시스템 밖을 개척하라

인간이 부패한 자아를 감추기 위해 몸부리친 세속사를 한마디로 정의하면 도피다. 인간의 다양한 도피를 즐겨왔다. 그 중 최근에 등장한 도피 유형은 시스템으로의 도피다. 모든 것이 구축된 시스템을 떠나서는 불안을 느끼는 이들은 시스템 안에 있는 안전에 집착한다. 그 속에서 도전 정신도, 프론티어 정신도, 야성도 상실한 이들은 시스템 안에서 일단 성실하게 최선을 다하는 것과 그 시스템 안에서 자신들의 지위가 높아지는 것만 강조하고, 이것에 초유의 관심을 집중한다.

그러나 데워지는 주전자 속에서 서서히 죽어가는 개구리와 같이, 거대 시스템 안에서 자신들이 서서히 고사되는 현실은 철저히 외면하고 있다. 이런 식으로 우리의 야성이 타성으로, 창조성이 모방으로 변질되고, 시스템 안의 우리는 너나 할 것 없이, 그런 이 시대를 본받아 살아간다.

성도는 자신이 속한 모든 시스템을 냉정하게 분별해야 한다. 국가도, 사회도, 학교도, 교회도, 직장도, 가정도…. 이것들이 안전제공을 빌미로 성도의 도전정신과 야성을 사장시키는 시스템이라면 이를 거부해야 한다. 성도는 정신 차리고 시스템 밖을 개척해야 한다.

세상의 소금과 빛으로 전 세계에 두루 나아가 모든 족속을 제자 삼는 사역에 헌신해야 하는 성도들의 시각은 세계적이어야 하며, 일상이 사역이어야 한다. 그러려면 먼저 "우리를 둘러싸고 있는 매일의 일들에 대해서 영적으로 민감하게 반응해야 한다. 바로 그곳이 우리의 사역지이기 때문이다."[177]

9) 끊임없이 반복되는 리더십의 갈등과 분규 시스템

2016년 4월, 미국의 대표적인 한인교회의 당회가 담임목사의 불신임을 결의하면서 교회가 갈등에 휩싸였다. 이렇듯

이민교회뿐만 아니라 한국 내에도 갈등과 분규의 온상이 된 교회들이 너무 많다. 교회 컨설팅 사역을 하면서 한국교회와 세계에 흩어진 많은 이민교회의 갈등과 분규를 중재하고 해결하면서 내가 내린 결론은 이렇다.

> 리더십의 갈등과 분규의 원인은 그간 교회공동체 내에 또는 일부 성도들에게 잠재되어 있던 불만들이 예배당 건축(증축, 리모델링), 목회자 청빙과 사임, 중직자 선거 등과 같이 겉으로 드러난 원인들과 관련되어 발생한다. 그러나 갈등과 분규를 일으키는 주된 원인은 겉으로 드러난 원인들 속에 깊숙이 숨겨져 있다. 이 숨겨진 원인들이 해결되지 않으면 교회공동체의 갈등과 분규는 기회와 명분만 있으면 언제라도 표출된다.

'리더십 갈등과 분규의 숨겨진 원인'은 기독교 세계가 어우러져 사는 법을 상실했고 준비되지 못한 목회자들과 평신도 리더들로 인함이며 교회가 악을 숨기기에 매우 효과적인 장소라는 것과 서로에게 항복하는 자유가 없기 때문이다.

① 기독교 세계가 어우러져 사는 법을 상실했기 때문이다

기독교 세계가 어우러져 사는 법을 상실했다. 이로 인해

갈등과 분쟁이 끊이지 않은 교회, 전쟁하듯 언쟁 중인 교계, 그리고 크리스천 비즈니스 영역에서 세속보다도 더 심각한 밥그릇 경쟁, 또 성직자들 사이의, 성직자와 평신도 사이의 보다 첨예화되는 분리주의 등이 초래되고 있다.[178]

② 준비되지 못한 목회자들과 평신도 리더들 때문이다

영적 분별력과 지도력이 없는 목회자들과[179] 평신도 지도자들로 인해 교회공동체들은 파괴되고 있으며, 잘못 훈련된 목회자들과 평신도 지도자들이 교회를 비정상적으로 통제하면서 교회는 사탄의 운동장이 되었다.

교회를 유기적 생명체가 아닌 조직으로만 여기는 목회자들과 평신도 지도자들이 나름의 명분으로 교회 조직을 장악하려 한다면 이 쟁탈전에 그리스도의 몸은 찢어져 분해되는 비극에 처하게 된다.

③ 교회는 악을 숨기기에 매우 효과적인 곳이기 때문이다

교회에 갈등과 분규가 많은 이유 중 하나는 '교회는 악한 사람들이 자신의 악을 숨기는데 가장 많이 이용되는 장소'이기 때문이다.[180] 거룩한 헌신자의 모습으로 숨어 있던 악들이 제 모습으로 설치기 시작하면 교회는 갈등의 회오리에 휩싸이게 된다.

④ 서로에게 항복하는 자유가 없기 때문이다.

일전 미국에 계신 장로님과 그 지역에서 몇 년 동안 계속되고 있는 교회들의 갈등과 분규에 대해 오랜 대화를 나누었다. 그 탁류 속에서 격한 몸살을 앓고 있는 성도들을 생각하니 눈물이 핑 돌았다. 그 갈등과 몸살 속에 과연 십자가는 어디에 있는가? 또 우리를 자유케 한다는 진리는 어디에 있는가? 결국 서로에게 항복하는 자유를 누리지 못하는 이들에게는 영적 공동체가 허락되지 않는다는 사실이 분명하다.

마치 제품을 생산하는 시스템과 같이, 위의 '리더십 갈등과 분규의 심층적 원인' 네 가지가 존재하는 한 끊임없이 리더십의 갈등과 분규는 반복된다. 이러한 '시스템'이 교회공동체에서 사라지기를 소망한다.

10) 교회의 제도화

공동체 사역은 규범화되어서도 제도화되어서도 안 된다. "공동체는 신비에서 시작되어 관료의식으로 끝난다."는 장 바니에의 경고를 우리는 진심으로 경청해야 한다. 각 개인의 성장을 촉진하고, 그들 스스로 삶을 잘 운용해 나가도록 구비하기 위해 고안된 제도는 사람이라는 목적을 위한 수단이어야 한다.

마이클 윌킨스는 제자가 되는 과정에 들어선 사람이라면

누구든지 빠질 수 있는 위험을 두 가지로 들었다. 하나는 '교회의 프로그램이 사람들의 독특성을 파괴하거나 예수님의 살아 있는 모범을 대신할 정도로 활용되는 것'과 '교회가 공동체성을 잃고 제도주의에 빠지는 성향'이다. 역사상 오늘날처럼 교회가 프로그램과 제도화에 휘둘린 적은 없었다. 성도는 제자로 살기 위해 태어났지, 제도화의 희생자로 태어나지는 않았다.

제도(혹은 조직)는 각 개인의 성장을 촉진하고, 그들 스스로 삶을 잘 운용해 나갈 수 있도록 구비하기 위해 고안된 것이다. 제도는 목적을 위한 하나의 수단이다. 목적은 사람이다. 즉 사람들이 현실 생활 속에서 하나님과 동행하며 살아가도록 구비하는 것이다. 그러므로 제도가 각 사람보다 더 중요하게 된 것, 즉 사람이 제도를 섬기게 된 것은 일종의 비극이다. 그리하여 제도를 지지하는 것이 목적이 되었으며 사람들은 제도를 지탱하는 수단이 되었다.[181]

① 제도화는 교회의 영적 공동체를 파괴한다

공동체는 명령하고 차단한다. 그러기에 상호 관계와 그것에 수반되는 요구를 율법과 규칙 또는 통솔 방식 등으로 대처하기가 무척 쉽다. 사랑하는 것보다 복종하는 편이 훨씬 쉽다. 그리고 그런 것이 인간의 본성에도 더 가깝다. 그 때문에 일부 공동체는 호의와 환대 및 은총의 선물을 통한 성장이 아닌 규칙과 통솔이 주종을 이루게 된다.[182]

역사적으로 교회는 원시적 혹은 봉건적 조직의 특성을 그대로 물려받은 수직적 구조, 군대조직인 피라미드 구조, 19세기의 분업화 구조인 매트릭스 구조, 그리고 20세기 중후반 이후의 구조인 조정기능 구조 등으로 변화해 왔다.[183]

교회가 어떤 조직의 유형을 취하고 있는가? 그 유형에 따라 교회의 문화와 특성이 다르다.

교회가 어떤 구조를 택하든지 영적 관계로 하나 된 공동체를 상실하면 공동체는 제도화된 조직이 된다. 이렇게 되면 하나님의 백성이 조직에 희생된다. 20세기의 교회는 영적 관계를 상실하여 조직이 되면서 공동체를 잃어버렸다. 이 잃어버린 공동체를 되찾는 것이 21세기 성도의 사명이자 교회의 도전이다.[184]

② 제도화는 성도들을 비인격적인 기능으로 취급한다.

교회공동체 시스템들이 제도화되면 "사람들은 인격적인 관계에 기초해서가 아니라 비인격적인 기능에 의해서 다루어진다."[185]

교회가 영적 공동체 즉 유기체를 상실하고 하나의 제도가 되면 모든 피해는 성도들에게 돌아가고, 생명을 나누는 결속을 주러 오신 예수의 모든 노력이 물거품이 된다. "이런 과정에서 교회는 점점 공동체를 잃어간다. 다시 말해 서로를 '형제, 자매'로 대하며 세심하게 신경 쓰는 대신, 점점 '기여하는 각 개체들'의 집단이 되어 간다."[186]

그러므로 세상 기관에 조직과 질서를 부여하는 그런 비영적 규정과 규칙으로 예수 그리스도의 교회를 묶는 일은 결단코 용납해서는 안 된다. 영적 공동체는 예수 그리스도를 중심으로 모인, 그를 따르는 제자공동체이다. 제자공동체가 성령의 인도하심을 받아 제자 삼는 사역에 전적으로 헌신할 때, 예수께서는 그 제자공동체를 들어 그 백성을 인도하신다.

③ 어떤 식으로라도 공동체가 제도화되는 것을 막아야 한다

제도화에 빠진 교회가 원래 교회의 사명인 복음증거를 감당하는 경우는 매우 드물기 때문에[187] 그리스도 예수의 피공로로 그리스도의 몸을 이루고 있는 성도들은 그 어떠한 희생을 치루어서라도 공동체가 제도화되는 현상을 막아야 한다. 마이클 윌킨스는 매우 실제적이면서 구체적인 자료를 통하여 성도들 스스로 영적 공동체가 제도화되는 증상을 확인할수 있도록 도와준다.

- 우리는 사람들을 우리 제도의 제자로 삼고 있는가? 아니면 제도를 사용해서 사람들을 예수님의 제자로 삼고 있는가?
- 우리 제자들은 프로그램을 운영하는 데 능숙한가? 아니면 예수님과의 실제적인 관계 가운데 살아가는 데 능숙한가?
- 제도에 대한 충성이 우리를 세상으로부터 고립시키고 있는가? 아니면 세상을 변화시킬 수 있도록 우리를 구비시켜 주는가?
- 사람들이 프로그램의 중요성 때문에 우리에게 집중하는가? 아니면 우리(그리고 프로그램)는 사람들로 하여금 예수님을 더욱 분명하게 볼 수 있도록 해주는 '목적을 위한 수단' 일 뿐인가?[188)]

11) 프로그램주의(Program主義)

지금 여러분이 출석하는 교회는 크루즈 유람선인가 군용수송기인가? 여러분은 유람선에서 제공하는 최고의 프로그램과 엔터테인(entertain)을 즐기고 귀가하는 유람객인가? 아니면 실전 같은 훈련을 받고 사기가 충만하여 수송기를 타고 전장으로 이동 중인 군인인가?   - Doug Spada

태초에 공동체가 있었다

프로그램 중심의 양육을 받는 성도들은 '젖' 먹는 단계를 벗어나지 못한다.[189] 물론 교회에는 적절한 프로그램이 필요하지만, 프로그램에 집중하는 프로그램주의의 피해가 심하다.

① 교회에 프로그램이 많을수록 성도는 더 비인격적으로 취급된다

한 때 미국에서 프로그램 열풍이 얼마나 강력하게 진행되었는지 미국의 한 불신자 아버지가 교회 전도부 간사 사역을 시작하는 아들에게 "사람들을 프로젝트로 여기지 말고 사람으로 대해라."고 조언할 정도였다.[190]

제 아무리 의도가 좋다고 해도 성도들을 프로그램주의로 끌어들이면 프로그램에 참석하느냐 안 하느냐로 성도들을 구분하고, 숫자화한다. 이는 영혼을 비인격화하는 것이다.[191]

> 나는… 사람들이 무엇보다도 기능이 아니라 이름으로 알려지는 공동체를 세우고 싶었다. 이것 또한 쉽지 않으리라는 것을 알고 있었다. 그리고 실제로 쉽지 않았다. 프로그램으로 공동체를 개발하는 방법론이 미국 교회에 전염병처럼 퍼져 있었기 때문이다.[192]

② 프로그램주의는 믿음의 공동체를 파괴한다

20세기 중후반 이후 미국교회가 급작스럽게 맞이한 붕괴
는 1980년대 교회가 프로젝트와 프로그램에 집중한 시기와
때를 같이 한다.[193] 지난 수십 년간 미국 교회의 양도둑질과
프로그램들을 그대로 답습해 온 한국의 일부 교회에서 벌어
진 영적 공동체 파괴 현상은 당연한 것이었다.

성도들은 자신들이 원하는 프로그램을 좇아 교회를 이동
해 갔다. 처음에는 몇몇 교회들이 불신자 또는 구도자를 목
표로 '그들의 욕구를 채워주는' 소위 **'저가 패키지 영성 프로
그램'**을 운영했지만, 결과적으로 이는 허약하고 구태의연한
교회문화를 가진 교회에 불만을 느끼던 양들을 끌어들이는
양도둑질 전략이 되었다.[194]

> **'저가 패키지 영성 프로그램'**
> (The low cost package spirituality program)[195]
>
> 패키지 여행은 참 편리한 점도, 불편한 점도 있다.
> 싼 비지떡 같은 '저가 패키지 여행'이 있다. 이 여행은
> 저렴한 돈을 내는 만큼 짜여진 일정대로 끌려 다니다
> 오는 여행으로 그 편리함에도 불구하고, 단점이 있다.
> 그것은 능동적인 관광을 못한다는 점이다. 여행과는 아

태초에 공동체가 있었다

무 상관없이 이런 저런 쇼핑 센터들로 끌려 다니며 저품질의 바가지 상품 구매를 강요당한다. 이렇게라도 여행을 갈 수밖에 없는 경우라면 가야겠지만, 저가 패키지 여행을 탈피해야 진정한 여행의 참 맛을 알수 있다.

자신의 신앙 생활의 공동체가 되어줄 교회를 정하는 것부터 영적 훈련, 사역, 영적 성숙 등의 영역에서, 이미 패스트 음식과 같은 패키지적인 것에 중독된 성도들이 있다. 이들은 이미 삶과 사회에 그 어떤 영향력도 주지 못하는 '저가 패키지 영성 프로그램'에 깊이 중독되어 패키지화된 성경공부, 최소한의 시간만 투자하는 헌신만으로도 만족한다.

성도들 역시 자신의 신앙 여정이 저가 패키지 여행과 별 다름이 없지 않은지 스스로 점검해야 한다.

③ 프로그램주의는 제자 삼는 사명을 외면하게 한다

성경보다는 성경에 관한 책을 많이 보는 이들이 있고, 심지어는 성경이 아닌 성경 비슷한 책을 보는 것으로 영적 독서를 대체하는 이들도 있다. 이런 유형의 사람들은 사이비 성도일 가능성이 크다. 프로그램주의는 프로그램에 열심인 그 자체를 사명으로 여기게 하여 모든 성도가 세상 끝까지 두루 다니며 제자 삼는 삶을 대체하게 한다. 이 역시 사이비 성도의 길이다.

예수님은 제자들에게 그리스도를 따르는 삶이 증거의 삶이
요, 제자를 삼는 삶이라는 것을 분명히 말씀하셨다. 안타깝
게도 현대적 열심에 익숙한 우리는 이 사명을 캠페인과 프
로그램으로 전락시켜 왔다. 그런 시도는 결국은 많은 사람
들로 하여금 그리스도를 전하는 것은 해도 되고 안 해도 되
는 일이며 '전문가들' 한테나 그런 책임이 있다고 생각하게
만들지 않았나 우려된다.[196]

12) 양도둑질(Stealing Sheep)

1996년부터 한국에서 예배갱신 열풍이 불었고, 한국의 많
은 목회자들이 미국의 급성장한 교회를 방문했다. 당시 미국
에 살고 있었던 나는 이분들과 동행하며 첫 해부터 몇년 동
안 '목회시스템분석'을 강의했다. 참석하셨던 목회자들 대
부분은 하나라도 더 배우려고 집중했지만, 그 중 일부는 처
음부터 배울 생각이 전혀 없었다. 방문한 교회들의 목회철학
과 사역원리에는 관심없이 사진 몇 장 찍고 자료를 사면 끝
이었다.

그 극소수에 의해 국적불명의 열린 예배가 한국교회에 번
지기 시작했다. 교회 예배당 인테리어도 하고, 강대상도 바
꾸고, 가운도 벗고, 성가대를 찬양팀으로 대체했다. 급성장
한 미국 교회들의 철학과 원리를 철저히 무시한, 단지 양도
둑질을 위한 '모방목회'가 한국교회를 난타했다. 나는 예배

태초에 공동체가 있었다

당 인테리어도 하고, 강대상도 바꾸고, 가운도 벗고, 성가대를 찬양팀으로 대체한 것이 잘못이라는 것이 아니다 양도둑질을 위한 무개념 '모방목회'가 잘못되었다는 것이다.

20년이 지난 지금, 당시의 '모방목회'를 돌아보면 물론 긍정적인 면도 있고 부정적인 면도 있다. 당시 이 운동을 주도하고 성장하는 미국교회들의 목회자료를 여과없이 도입했던 양도둑질의 대가들에게도 공과가 있다는 말이다. 그러나 분명한 것은 교회 외부에서 발생하는 모든 현상은 철저히 외면하고 '모방목회'를 통해 한국에 '양도둑질'의 전통을 남긴 양도둑질의 대가들은 무한책임을 져야 한다는 점이다.

① 양도둑질의 등장

짧은 기간에 가장 많은 신도시를 건설한 나라 중 하나가 대한민국이다. 신도시가 세워지면 많은 이들이 이주해 온다. 신도시 교회 중 처음부터 노골적으로 이동교인을 흡수하려는 교회들이 있었다. 이 교회들은 화려하게 건축한 건물로 이동교인을 유혹했다.[197] 이와 때를 같이하여 다른 교회 성도들을 유혹하는 소위 양도둑질 목회가 극성을 부리기 시작한 건 결코 우연이 아니다.

② 처음부터 양도둑질이 의도된 것은 아니었다

다른 초장의 구원받은 양들을 직·간접으로 훔쳐내는 짓이
양도둑질이다. 1980년대 이후 무차별 양도둑질이 저질러 졌
다. 주로 미국 교회성장의 아버지라고 불렸던 로버트 슐러의
영향을 받은 한국의 일부 목회자들이 앞장섰다. 그 결과 양
도둑질에 성공한 교회는 성장했고, 그 중 초대형 메가교회로
성장한 교회들도 있다. 이러 저러한 이유로 교회를 옮기는
이동 교인 현상은 늘 있어 왔고, 앞으로도 있을 것이기에 이
동교인 목회가 잘못된 것은 아니다. 그보다는 다른 교인을
직·간접으로 도둑질해 오는 양도둑질 목회가 잘못이다.

> 분명히 교회성장운동의 초기에는 잃은 양들에게 복음을 전
> 하는데 초점이 맞춰져 있었다. 불행히도 시간이 지나고 성
> 장 원리들이 그 자리를 대신하면서, 최고의 양적 성장이 수
> 평이동성장을 통해 지속적으로 이루어졌다. 교회가 점차적
> 으로 이러한 성공에 시선을 돌리면서 교회 프로그램이 바뀌
> 고 이미 구원받는 자들을 훔쳐오는 것이 대부분 교회의 '전
> 도' 전략이 되어 버렸다.[198]

1975년 전후부터 미국 교회의 빌 하이블스를 비롯한 일부
목회자에 의해 매우 독특한 목회 전략이 실행되었다. 이들은

태초에 공동체가 있었다

과거엔 크리스천이었으나 교회에 출석하지 않고 있는 이들과 (unchurched prechristian) 가나안 교인(unchurched christian) 그리고 비기독교인(non christian)들을 대상으로, 이들을 교회로 인도하려는 전략을 목회방법화했다. 그러나 교회를 메운 대다수는 다른 교회에서 이동해 온 성도들이었다. 이들 이동 교인들이 자신들의 기대와 욕구를 충족시켜 주는 프로그램이 운영되는 교회로 몰려든 것은 너무나 당연했다.

③ 양도둑질을 가능하게 했던 원인들

    ㉠ 목회력이 부족한 목회자들 때문이다.[199]

    ㉡ 인격적·도덕적 결함이 있는 목회자들[198] 때문이다.[201]

    ㉢ 근시안적인 목회자들 때문이다.[202]

    ㉣ 자료 목회(material ministry) 때문이다.[203]

    ㉤ 부적격 평신도 리더십 때문이다.[204]

    ㉥ 급변하는 문화를 적대시하는 전통에 찌든 시스템들 때문이다.[205]

    ㉦ 영적으로 미성숙한 기득권자들로[206] 인한 성도와 교회 공동체 사이의 파괴적 관계 때문이다.[207]

    ㉧ '거짓된 가르침이나 비윤리적인 행위와 같은 일종의 교회의 학대'[208] 때문이다.[209]

    ㉨ 교회 내에 **헌신도가 떨어진 양들** 때문이다.[210]

헌신도가 떨어진 양들

윌리엄 채드윅에 의하면 네 종류의 양들이 있다.

첫째는 배부른 양들이다. 음식을 너무 먹어서 새로운 음식을 싫어하면서도 더 자극적인 것을 기대하는 양들이다. 그간 교회가 제공하는 영적 양식을 먹는데 너무 적극적이었던 성도 중에서 이런 유형의 양들이 나온다.

둘째는 주린 양이다. '매주 똑같은 스타일의 설교를 들려주는 목회자에게 식상해 있다. 성경공부나 외부로부터의 영적 양식이 공급되는 기회가 좀처럼 제공되지 않기 때문에 제자훈련과 같은 간단한 메뉴의 제안에도 쉽게 교회를 옮긴다.'

셋째는 검은 양이다. '목회자의 방침을 저울질하고 도전하는 불평꾼이다. 현재의 담임목사에게서 벗어나 준비를 하고 새 교회를 찾아다니고 있다.'이 경우 검은 양들은 목사의 은사가 있거나 리더십의 은사가 있는 성도일 가능성이 크다. 이들 기회만 되면 목사와 리더십 충돌을 일으킨다.

마지막으로 우둔한 양이다. 교회의 기득권자인 한 뿌리세력을 중심으로 파당을 이루는 경우가 있는데 이 세력의 리더를 중심으로 우둔한 양들이 모여 있는 경우가 많다. 이 세력의 우두머리인 리더가 교회를 옮기면 아무 생각 없이 따라 옮기는 이들이 전형적으로 우둔한 양에 속한다.[211]

태초에 공동체가 있었다

④ 양도둑질 전문가들

처음부터 '양도둑질'을 목적으로 한 목회자들이 있었다. 이들은 이러 저러한 이유로 자발적인 헌신도가 떨어지는 양들을 대상으로 양도둑질용 프로그램을 도입하여 검증도 안 해보고 마구잡이로 사용한 것은 물론, 심지어 세미나를 열어 퍼트렸다. 그 중 양질의 프로그램도 있었지만, 대부분은 '저가 패키지 영성 프로그램' 들이었다. 이 프로그램들은 1980년 소위 미국에서 급성장했던 교회들이 사용하던 전략과 프로그램들을 양도둑질용으로 변형시킨 것이었다.[212]

⑤ 양도둑질 전문가들의 맹활약

1980년대의 미국의 교회성장운동은 역사상 가장 요란했던 교회성장운동이었으나 그 십년 동안 성도의 수가 늘지 않았다. 수평성장이었던 것이다.[213] 당시 미국교회 성장을 이끌었던 교회들은 거의 수평이동으로 성장했다.[214]

교회성장운동에 편승했던 문제해결 중심의 프로그램과 세미나, 자극적인 예배 등의 '저가 패키지 영성'을 미끼로 양도둑질 또는 호객목회에 성공한 일부 대형스타목사들의 맹활약은 가히 상상을 초월했다. 대체로 하나의 대형교회가 생기기까지는 최소한 주변의 수십 개의 교회로부터 교인이동이 있어야 한다.[215]

이는 하나의 대형마트가 문을 열면 인근의 수많은 가게들이 문을 닫는 것처럼 한 교회의 성장을 위해 주변의 수십 개의 교회가 문을 닫는 상황에 처한다는 것이다.[216] 실질적으로 주변 교회를 죽이는 행위인 수평성장을 이룬 한 명의 대형스타목사의 탄생은 이 스타 목사에게 양을 도둑질 당한 주변의 수십 명 목회자를 죽인 결과이다.

⑥ 양도둑질은 죄다

윌리엄 채드윅은 7가지 이유를 들어 양도둑질을 죄라고 한다.

첫째, 교회를 불구로 만드는 죄다.
둘째, 다른 교회 지도자들을 목회현장에서 떠나게 한다.
셋째, 에큐메니칼 정신의 실종이다.
넷째, 성경적 도덕성의 상실이다.
다섯째, 갈등을 부인한다. 양도둑질은 주변 교회와의 갈등을 유발한다.
여섯째, 양도둑질로 성장하는 교회는 전도가 약해진다.
일곱째, 양도둑질을 해서 성장한 교회는 그 기초가 부실하다.[217]

태초에 공동체가 있었다

세 개의 죄가 더 있다. 첫째, 양도둑질 전문가들은 수평이동성장을 조장하는데, 수평이동성장은 죄다.[218] 둘째, 양도둑질은 하나님의 권능을 개교회 성장에 국한하여 사용하는데 이는 죄다. 양도둑질은 개교회의 유익을 위한 목회자, 당회, 성도들의 합의조작의 결과이다. 교회는 그 시너지로 하나님 나라 확장을 이루어야 하는데, 양도둑질이 자행되는 교회는 그 시너지로 개교회의 이익만을 위해 악용한다. 셋째, 교회는 하나님께서 세우신 공동체인데, 양도둑질은 그 공동체를 파괴한다.[219]

양도둑질을 통한 성장은 수평이동성장이다. 수평이동성장은 하나님의 주권을 해칠뿐 아니라 영적 균형을 무너뜨린다. 이러한 수평이동성장을[220] 목적으로 하는 목회자는 그 동기가 하나님 나라의 확장이 아니라 자기 교회의 확장에 있기 때문에[221] 양도둑질은 사라져야 한다.

제3장/ 영적 공동체를 파괴하는 것들

143) 성도가 개인주의적인 것도 문제지만 교회 역시 성도들의 개개인의 문제
에만 응답한다는 것도 문제다. 이는 탕자를 거부하는 큰 아들을 위한 목
회일 수밖에 없다. 우리의 관심은 탕자와 지역, 그리고 사회에 향해야
한다. 이 큰 아들과 같은 교인의 자세는 바로, 교회는 자신을 위해 존재
해야 하지만, 자기는 교회를 위해 존재하지 않는다는 자세이다. 이런 자
세가 변하지 않는다면 교회는 공동의 목표며 사명을 감당할 수 없게 되
고 변화에 응답하지 못하게 되어 마침내는 주전자 속의 개구리처럼 죽
어갈 수밖에 없다. 현대 교회가 정체하고 쇠퇴하는 문제가 탕자의 문제
만이라고 어찌 말할 수 있겠는가?

144) 팀 켈러, 305.

145) 키이스 앤더슨, 22.

146) 윌리엄 채드윅, 「양도둑질」 66.

147) 위의 책, 45~46.

148) 성도들은 소송자나 소송대리인으로 파송받은 것이 아니다. 중간에 막힌
담을 허시고 화해자로 오신 예수님을(엡2:14) 따르는 성도들은 그리스도
의 사신으로 화해요 평화를 이루는 자로 부름심을 받을 자들이다(고
후5:20). 끝없는 소송을 요구하는 개인주의의 풍토 속에서 성경은 성도
에게 화해를 명령한다.

149) "말씀이 선포되면 사람들은 공동체에 헌신하려는 열망을 품게 될 것이
다." (아래의 책, 49.)

150) 랜디 프레이지, 「21세기 교회 연구 : 공동체」 46~47.

151) 사탄은 일상의 문화 속에서 매우 자연스럽게 성도로 하여금 '여기가 좋
다' 며 현상태에 머물도록 유혹하지만(마17:4), 성도는 푯대를 향해 나아
가는 삶을 살아내야 한다(빌3:12). 사탄은 이 이기적 자본주의 시대에
성도로 하여금 자신의 생존을 위한 투쟁에만 전념하도록 유혹하지만(마
4:3), 우리 성도들은 그리스도 안에서 매일 죽는 성숙의 길을 가야만 한
다(고전15:31). 사탄은 성도들이 이 땅을 살아가는 동안 '나의 왕국, 나
의 영역, 나의 지배력, 확보와 유지에 헌신하도록 유혹하지만(마4:9), 성

도는 하나님의 나라와 그 분의 통치가 이 땅에서 온전히 이루어지도록 하는데 전적으로 헌신해야 한다(마6:33).

152) 영적 분별력을 가지기 위해서 성도는 하나님과 다른 사람들과 화평을 이루고 있어야 하며 특히 성도에게 분별력을 제공하거나 분별의 길로 인도하는 교회공동체에(빌2:3-4, 12-13, 3:12-16) 더욱 헌신하고, 영적 친구와 친밀한 관계를 누리고 그리고 늘 영적 독서에 게으르지 말아야 한다.

153) 세무엘, 사다드, 「마귀론과 정신질환」 68-75.

154) 랜디 프레이지, 14~15.

155) 고든 맥도날드, 「하나님이 축복하시는 삶」 126.

156) 모든 영적 체험은 그리스도의 성품에 의해서 평가되어야만 하고(고전 2:2), 그 분명한 척도가 고린도전서 13장에 제시되어 있다.

157) 세무엘, 사다드, 75-85.

158) 예수께서는 "징조"를 구하는 것을 계속적으로 경고하셨다(마12:38-42; 막13:4, 21; 눅17:20-21).

159) 나의 목회 컨설팅 경험을 되돌아 볼 때, 교회와 영적 공동체 내의 모든 문제와 갈등을 조장하는, 숨겨진 뿌리는 예외 없이 영적 체험주의자들이었고, 기독교역사에서 이 예를 찾는 것이 전혀 어렵지 않다. 이런 점에서 영적 체험주의와 영성주의를 세심하게 분별하는 지혜가 필요하다.

160) 직관과 영적 분별력은 다른 것이다. 직관력을 영적 분별력으로 고집하는 사람을 피하라!

161) 장 바니에. 「두려움 너머로」 159.

162) "바리새인들의 마음은 삶에서 실천해야 한다고 주장하는 바로 그 율법으로 인해 무거워졌다. 그들은 지식과 완벽한 행위로 자신들의 소망을 규칙과 규율 속에 가두어 버렸다. 영혼의 목마름을 하나의 의무로 박제시켜 자신의 영혼이 지닌 유일한 소망마저 계속 죽이려고 했다. 자기 의무를 다하고 있다고 생각하면서 말이다. 삶에 대한 약속과 욕망으로의 초대는 지식과 행위에 초점을 둔 종교적인 가르침 속에서 다시 길을 잃고 만다." (존 엘드리지, 73.)

163) 피터 로드, 150에서 재인용.

164) 랜디 프래지. 58.

165) 존 엘드리지, 73.

166) Harry Kim, 「태초에 관계가 있었다」 47.

167) 윌리엄 체드윅, 214~216. 참조
168) 위의 책, 217
169) 위의 책, 218
170) 위의 책, 219
171) 켄 헴필, 159.
172) 위와 동일.
173) "휴브리스는, 기업경영은 물론 국가의 정치를 비롯하여, 인간 삶의 모든 영역에서 나타날 수 있다. 일반적으로 창조적 소수는 과거의 성공으로 인하여 교만해지고, 추종자들에게 복종만을 요구하며, 인(人)의 장막에 둘러싸여 지적, 도덕적 균형을 상실하고, 급기야는 가능과 불가능에 대한 판단력까지 잃기 쉽다. 창조적 소수가 이러한 과오로부터 벗어날 수 있는가?"(윤석철, 208.)
174) 김종래, 70~74.
175) 성도는 교회가 매우 전략적으로 가동하는 가두리 시스템에 참여하는데 매우 신중해야 하고, 교회가 자기 몰입형 성도를 양산하는 시스템을 지혜롭게 거부해야 한다.
176) 레너드 스윗, 「나를 미치게 하는 예수」 112.
177) Meguia(Meguiar's Car Care Products CEO)
178) 이와 관련하여 피터 로드는 다음과 같이 말한다. "우리는 용서로 상처를 다루는 법을 배우지 못했으며, 서로를 무조건적으로 사랑하는 법을 배우지 못했고, 서로의 차이를 건설적으로 다루는 법을 배우지 못했고, 깊은 우정을 쌓은 법을 배우지 못했기 때문이다."(피터 로드, 117.)
179) 21세기 한국의 성도 중 '열 명 중 아홉 명이 주변에 품위, 자격 미달 성직자 많다'고 생각한다는 통계가 나왔다.
    (http://www.dangdangnews.com/news/articleView.html?
    idxno=24175)
180) 스코트 펙, 「악의 심리학」 92.
181) 마이클 윌킨스, 58~59.
182) 장 바니엘, 「공동체와 성장」 95.
183) Alvin J. Lindgren & Norman Shawchuck, 「Management for Your Church」 25~28.
184) 레너드 스윗, 「나를 미치게 하는 예수」 122.

태초에 공동체가 있었다

185) 유진 피터슨, 「한길 가는 순례자」 190.

186) 위와 동일.

187) "제도화된 구조를 중요하게 생각하는 교회가 원래의 교회의 사명으로 주어진 복음 증거를 신실하게 감당하고 있는 경우는 매우 드물다. 그들은 자기 자신들을 섬기기 위해서 복음 증거의 사명을 무시하고 있기 때문이다. 하나님은 이러한 교회들이 일하기를 기다리시면서 세상을 그냥 버려두시지는 않는다. 하나님께서는 박해를 통해 예루살렘의 초대 교회를 흔드시고 그들을 흩으셨다. 그러나 그들은 흩어져 나가며 자연히 복음을 전하게 되었다."(빌 훌, 「모든 신자를 제자로 삼는 교회」 263~264.)

188) 마이클 윌킨스, 59.

189) 오스 힐먼, 「일터 사역」 79.

190) 1) 사람들을 프로젝트로 여기지 말고 사람으로 대해라. 2) 사람들에게 성경을 분명히 가르쳐 줄 수 있는 시간을 내라. 그들은 죄, 은혜, 회개 등 네가 사용하는 기독교 용어를 이해하지 못한다. 복음에 대해 분명히 이해하지 못한다면 그들은 그리스도를 믿는 믿음을 가질 수 없다. 3) 무례하게 굴지 마라. 사랑하는 마음으로 말하라. 그들이 대화를 주도할 수 있도록 하라. 너는 분위기를 조정해야 할 것이다. - From 'Show and Then Tell'

191) 파커 파머는 "만일 우리가 공동체란 것을 하나의 프로젝트로 여기고 올바른 테크닉과 올바른 환경, 올바른 목표들과 올바른 사람들만 있으면 실현할 수 있다고 생각한다면 그것은 오해다."라고 경고한다. (파커 파머, 「일과 창조의 영성」 246.)

192) 유진 피터슨, 「부르심을 따라 걸어온 나의 순례길」 401~402.

193) "건물을 짓고, 동네를 바꾸고, 선교 프로젝트를 시작하고, 그런 일에 사람들을 동원하고 조직하고⋯"(위와 동일)

194) 이런 이유로 세대간의 갈등과 인력부족 등 다양한 이유로 양질의 프로그램을 운영할 수 없는 교회들이 그 규모와 상관없이 교인들이 빠져나가는 현상에 몸살을 앓았다.

195) The low cost spirituality에 대해서는 M.Scott Boren의 책 「The Relarional Way」 13~22.를 참조하기 바람.

196) 고든 & 게일 맥도날드

197) 그러나 대부분의 교회는 신도시의 아파트 상가에서 고만고만하게 시작했

다. 그리고 마침내 신도시 이사가 끝나고 대략 5년 후 많은 수가 이사 나가고, 다시 대거 들어오는 때가 되면 신도시 안의 교회들 사이에 이동교인 모시기 쟁탈전이 끝나게 된다. 극소수의 교회는 급성장하고, 대부분 고만고만한 한 교회로 유지되고 있고, 적지 않은 교회는 문을 닫는다.

198) 윌리엄 채드윅, 10.

199) 목회자는 교회의 리더이다. 신학적-목회적 준비가 안 된 목회자가 교회를 섬기는 것도 문제이지만, 신학적-목회적 훈련을 잘 받은 높은 수준의 지식을 가진 목회자라도 그 시각과 지도력이 공동체적이지 못하면 교회를 섬기는 리더로서의 자질은 없다.

200) 21세기 한국의 성도 중 '열 명 중 아홉 명이 주변에 품위, 자격 미달 성직자 많다'고 생각한다는 통계가 나왔다.
(http://www.dangdangnews.com/news/articleView.html?idxno=24175)

201) 목사의 영적 권위는 그의 인격적, 도덕적 소양이 뒷받침될 때 가능하다. 그런데 영적 권위를 내세우는 이면에는 인격적-도덕적 소양이 없는 목사들이 적지 않다.

202) 근시안적인 목회자는 개교회 목회에만 집중하고, 다양한 사역의 사역자들은 자기 사역만을 너무 강조하다 보니 이웃의 삶의 문제, 지역과 국가의 문제에 철저한 무관심주의, 인류의 가난과 인신매매, 환경오염, 일터에서의 그 죄질이 심각한 관행 등에 대해 초지일관 무관심하기에 이르렀다.

203) 자료목회에 충성하고, 목회자료 사냥에 혈안이 되어 왔던 목회자들의 책임이 크다. 그러니 먼저 이에 대한 목회자들의 충분한 자기반성이 있어야 하겠고, 부단한 연구와 섬김으로 성도들을 위한 창의적인 꼴을 생산해 낼 줄 알아야 한다.

204) 평신도 사역이 매우 중요해진 이때에 영적, 인격적, 도덕적, 지성적 자격을 갖춘 평신도 리더는 참으로 귀한 사역자이다. 그런데 이런 자질이 너무 부족한 이들이 평신도 리더를 자처하고 나설 때, 또 이런 이들이 매우 중요한 리더십의 자리에 있을 때 교회는 엉망이 된다.

205) 교회는 변화 시스템이다. 모든 세속적인 사람, 세속적인 것들이 교회를 통해 신학화, 선교화되어야 한다. 그런데 교회 내에 작동하고 있는 시스템들이 전통과 타성에 젖어 있거나, 또 요즘의 급변하는 문화를 적대시하거나 포용하지 못하면 교회는 그 기능이 정지된다.

206) 이 기득권을 누리는 분들에 의해 교회공동체가 신음하는 현상이 흔하게
발견된다. 조직의 안정을 위해 기득권이 어느 정도 필요한 것은 인정하
지만, 교회가 안정을 추구하는 공동체여야 한다는 성경적 명령은 그 어
디에도 없다. 오히려 교회는 변화를 위해 스스로 개혁하여, 그 힘으로
세상의 변화를 주도해야 한다. 이를 위해 교회공동체는 기득권을 포기
하고, 더 나아가 그 공동체가 소멸될 때까지의 모든 것을 불태우며, 세
상의 시스템을 거부하고 영적 시스템을 구축해야 한다. 모든 그리스인
들의 모임은 태생적으로 이러한 사명을 가진다. 각설하고, 기득권은 사
라져야 한다.

207) 교회는 영적 가족이다. 그런데 성숙하지 못한 기득권 세력들의 맹활약
으로 인해 공동체에 불화와 불신을 조장할 수 있다. 이렇게 되면 성도들
사이에 신뢰가 사라진다.

208) 이 현상은 수평성장에도 긍정적인 것이 있음을 보여주기도 한다. (윌리
엄 채드윅, 7.)

209) 이단이나 사이비 집단에서나 가능한 '거짓된 가르침과 비윤리적 행위'가
교회에서 발생한다면 이는 성도를 영적으로 학대하는 것이다. 이 경우
성도들은 당연히 그 교회를 떠나야 한다.

210) 위의 책, 23.

211) 위와 동일.

212) 나는 1996년부터 '목회시스템분석'과 '목회컨설팅'을 하면서, 로버트 슐
러의 영향을 받아 1970년 중 후반부터 급성장하며 미국의 교회 성장을
이끌었던 교회들을 연구 분석하여, 수백 회의 목회세미나를 하면서 많
은 한국과 이민목회자들에게 그 장·단점을 전해 주었다. 그리고 급성장
하는 미국의 목회방법론과 프로그램들을 토양과 대상이 다른 목회현장
에 무조건 적용할 때 발생하는 부작용들에 대해서도 강조했다. 그럼에
도 그 목회방법과 프로그램들을 마구잡이로 들여와 사정없이 퍼트렸던
목회자들과 평신도 사역자들이 있었다. 각설하고 그들은 유명해졌고, 그
들의 교회는 거대한 무리를 이루었다. 그러나 숫한 교회들이 고사했고,
셀 수 없는 교인들이 함량미달의 '사역자'로 사역지와 강단과 예배당을
배회하게 되었다.
'저가 패키지 영성 프로그램'을 제공하여 양무리들을 끌어 모아 어느 덧
양도둑질 분야에 대가들이 된 분들의 책임이 크다. 또한 이분들의 영향

권에 있는 양도둑질 견습공들과 '함량미달' 사역자들은, 빌 히이블스의 말대로 "앞으로 교회가 맞서 싸워야 할 가장 커다란 도전이 될 것이다.

213) 윌리엄 채드윅, 84~86.

214) 위의 책, 94~98.

215) 예를 들어 교회성장운동의 성공 사례 중 하나인 콜로라도 스피링스의 뉴 라이프 교회는 수평이동성장을 거부했지만, 결과적으로 7,000명의 교인 중 3,500명이 다른 교회에서 옮겨온 사람들이다. 이 정도 규모의 교회가 성장하려면 주변의 35개의 대교회로부터 교인이동이 있어야 했다. (위의 책, 140~142.) 한국의 어떤 대형 교회의 경우 교인 중 이동 교인이 한 때 95% 이상에 이른 곳도 있다.

216) 미국 국민의 76%가 기독교인이지만 그 중에 1/4인 20%만이 주일 예배에 참석한다. 매년 1,000개의 교회가 개척되지만 4,000개의 교회가 문을 닫고 있다. 미국 교회의 80%가 정체되어 있거나 심각한 감소세를 보인다. 교회 다니는 성도들의 위선과 인간미 없는 거룩 때문에 한때 (미국) 공동체의 중심이었고 영혼이었던 교회가 점점 사라지고 있다. 자신이 감독한 다큐멘터리의 공식 홈페이지에서 슐츠는 그저 서로 아는 사람들이 모이는 또 다른 건물이 아니라, 믿는 이들의 공동체이자 예수님의 몸으로서의 공동체를 추구해야 한다고 밝혔다. 그 공동체 안에서 전 세대가 다 함께 믿음을 추구하는 삶이 어떤 것인지 알았으면 좋겠다는 바람을 나타냈다.
http://bbs1.agora.media.daum.net/gaia/do/debate/read?bbsId=D109&articleId=1413409

217) 139-179.

218) 위의 책, 77.

219) 양도둑질 전문가들은 매혹적인 시설과 인테리어로 성도를 유혹하여 조직만 있고 진정한 영적 공동체가 없는 교회 건물로 끌어들여 '저가 페키지 영성 프로그램'에 중독되게 한다. 이렇게 중독된 성도들은 양도둑질 전문가가 쳐 놓은 울타리를 벗어나기가 힘들다. 이 울타리 속에서 성도는 저가 패키지 영성 프로그램을 최고로 영적이라 여기며, 매우 전략적으로 사육당할 뿐이다.

220) 윌리엄 채드윅, 77.

221) 위와 동일.

150

제4장

영적 공동체가
파괴되는 교회의 특징

건강한 공동체는 세상을 섬김으로 총체적 사역을 수행한
다. 건강한 공동체란 공동체의 변화 시스템을 이루는 환대
시스템과 친교 시스템, 교육-훈련 시스템과 파송 시스템 등
이 서로 유기적으로 잘 작동하는 공동체를 말하며,[222] 건강한
사역은 공동체의 성도들이 '자신을 내어 줌'으로 공동체와
세상을 섬길 때 가능하다.[223]

　안타깝게도, 3장에서 살펴본 다양한 원인들로 공동체가
파괴된 교회들은 '자기를 기꺼이 내어 줌'을 포기하고(물론
이는 성도들에게 해당된다) 성도를 교회 안에 가둔 후, 가두리
프로그램을 제공하여 성도들을 온순한 말로 거세한다. 거세
된 말은 몸 상태가 좋고 종마보다 훨씬 활동적이지만 생명을

태초에 공동체가 있었다

생산하지는 못한다.[224] 세상 끝까지 복음의 첨병이 되어야 할 성도들이 겉모습은 번지르르하지만 생산성을 잃고 거세당한 말이 된 것이다.

영적 공동체를 상실한 교회들은 시대의 핫 이슈와 변화를 외면하고, 성도의 대망사상을 막으며, 자기몰입형 성도를 양산한다. 이렇게 성도를 좌절시키는 목회자와 사역자들이 요지부동으로 맹활약하고 있다.

1) 영적 공동체를 상실한 교회는 시대의 핫 이슈와 변화를 외면한다.

사회현상을 노골적으로 외면하는 교회들은 정치인, 관료, 군인, 기업인들의 부정부패, 심지어는 아직도 계속되고 있는 교육현장의 비리들과 성직자의 타락, 교회의 비리 등으로 국가가 총체적으로 비틀거리고 있는 상황을 외면한다. 자기들의 영적 만족과 문화의 편리함을 추구하는 것 외에 이 땅의 일들에 대해 이토록 무관심한 이들이 크리스천이라면, 이들의 삶이란 이 땅에서도 매우 불행한 자폐적 중독자들의 삶과 전혀 다름이 없지 않은가.

사회의 핫 이슈와 시대의 변화에는 전혀 관심 없는 자폐적 리더십들에 의해 통제되고 있는 교회는 전통을 유지하기에 급급하다.

2) 성도의 대망사상을 막는다.

유기적 공동체가 상실된 교회를 떠나는 성도들이 많은 이 때에[225] "보라 세상 죄를 지고 가는 하나님의 어린 양이다"라 며(요1:29, 36) 자신의 제자를 예수께로 보내는 세례 요한이 더욱 위대하게 느껴진다.

왜 제자들은 스승을 버리고 예수께로 갔는가? 그것은 굶주림, 즉 예수만이 채워줄 수 있는 '영적 허기' 때문이었다. 영적인 굶주림이야말로 성도들이 예수를 고대하게 하는 가장 깊은 갈증이자 힘인 것이다. 요한의 사역은 제자들로 하여금 '영적 굶주림' 즉 대망사상을 더욱 심화케 하는 것이었다. 세례 요한은 파송사역을 완벽히 수행해 냈다.

성도들은 자신의 영적 허기를 심화시켜 줄 목회자를 만나기가 쉽지 않다. 적지 않은 목회자들이 성도들의 시선을 자신에게 머물게 하는 사역에 집중할 뿐 성도들의 시선을 예수께로 돌리지 않는다.[226] 영적 공동체가 파괴된 교회의 목회자일수록 더욱 그렇다.

3) 자기몰입형 성도를 양산한다.

그리스도의 몸된 성도라는 개념은 성도를 이웃들로부터 갈라놓자는 얘기가 아니다. 오히려 다른 모든 사람들 그리고

태초에 공동체가 있었다

자연과 더불어 살아가는 삶의 꾸러미 속에 성도들을 묶어 놓는 것이었다. 따라서 성도는 이웃과의 관계에서 완전히 단절되고 고립된 개인이라는 신분으로는 하나님께 온전히 응답할 수 없다.[227] - 존 로빈슨

적지 않은 교회가 전도와 선교를 그토록 외치면서도, 결국은 교회 스스로를 세상과 고립시키는 프로그램에 열심이다. 성도들 역시 경건생활, 주일성수, 기도, 봉사 그리고 교회의 행사와 집회에 참석하고 또 영적 성장을 위한 세미나에도 참석하지만, 자신의 영적 만족에만 집중한다.

전도와 선교, 사회봉사 등에 전혀 관심을 두지 않는 자기몰입형 성도들은 자신의 에너지를 사역적으로 흘려보내지 못하기 때문에 그 축적된 에너지가 자기와 교회 내부로만 향한다. 교회에서 사소한 일로 트집을 잡거나, 상대를 가리지 않고 시비를 걸고, 불만을 터트리는 성도들을 보면 자기몰입형인 경우가 대부분이다. 이는 전형적인 영맥경화 현상이다.

성도는 세상과 분리된 존재이지 세상에서 고립된 존재가 아니다. 성도라면 요새화되어 고립되어 있는 신앙, 요새화되어 고립되어 있는 **'자기몰입형 교회'**의 속박에서 벗어나 세상과 소통하며 세상에서 세상을 섬기는 소금과 빛의 사명을 감당해야 한다.

자기몰입형 교회

자기몰입형 교회는 '요새화된 교회'라고 한다. '요새화된 교회'는 교회건물을 세우고 프로그램을 운영하지만 기본적으로 교회 울타리 안의 일들에 집중한다.[226]

삶의 초점이 내부로 향하면 영적경화 증상이 나타난다.[229] 이러한 유형의 교회는 그 에너지가 내부로만 집중되기 때문에 잦은 분규와 갈등, 그리고 파당의 부정적 사건들로 인해 교회가 불안정하다. 만약 당신이 목회자의 설교 어투와 제스처, 설교 내용, 설교자의 넥타이 색깔과 디자인, 복장 등을 가지고 시비가 붙는 교인이 많은 교회에 출석하고 있다면, 분명 그 교회가 자기몰입형 교회이다. 물론 이 교회의 에너지가 세상을 섬기는 일에 투입될 가능성을 기대하기는 어렵다.

4) 성도를 좌절케 하는 목회자가 있다.

교회 마케팅의 대부인 조지 바나는 1984년 바나 그룹을 설립하고, 미국교회를 쇠퇴로 이끄는 요인들을 조사했다. 이 조사를 시작하면서 바나는 미국교회의 실패 요인이 다양한 정보의 부족일 것이라 생각했다. 그러나 그가 10년의 조사와 연구 끝에 내린 결론은 자신의 예상을 빗나갔다. 미국교회의 쇠태 원인은 정보의 결핍이 아니라 리더십의 결핍이었다. "교회

태초에 공동체가 있었다

지도자들이 대체로 참된 지도자가 아니라는 것이었다."[230)]

오늘날 교회 지도자 위치에 있는 사람들은 대부분 교사들 -
좋은 사람, 하나님을 사랑하는 사람, 교육 수준이 어느 정도
있고, 의사소통을 잘하는 사람- 이지 지도자는 아니다.[231)]

① 제로 비전(Zero Vision)의 목회자들

수많은 전투를 치루어야 하는 전쟁에서 자신이 책임진 전투의 승리에만 집착하여 전쟁에 진 지휘관이 있다면, 그는 역적이다. 하나님 나라를 확장해야 할 목회자가 자기 교회 성장에만 집중하느라 하나님 나라의 확장을 막는다면 그는 악한 삯군이다. 레이업 슛을 환상적으로 잘 쏘는 선수가 있는데 이 환상적인 기술로 자기편 골대에 슛을 쏜다면 어떻게 되겠는가? 이런 목회자는 자신의 목회 기술과 프로그램으로 교회공동체를 파괴한다.

목회자들은 하나님의 가능성과 재능을 가진 성도들을[232)] 하나님의 변화의 대리인이자 군사로 무장시켜야 한다. 이를 위해서 먼저 목회자들의 시각과 삶이 성경적이어야 한다.

그러나 자기의 시각에 갇혀서 외부의 모든 현상을(정치, 경제, 문화, 환경 등등)을 외면하는 제로 비전의 목회자들이 있다. 자기 시각의 성공에만 집착하는 이들로 인해 영적 공동체는 파괴된다.

네 가지 유형의 비전

조지 바나는 네 가지 유형의 비전을 제시한다.[233] 먼저 '제로 비전'이다. 자기 외에는 그 누구에게도 관심이 없다. 오직 자기만을 위한 시각을 가진 자폐적 이기주의자이다.

'미시 비전(Micro Vision)'은 개인적으로 교회출석, 봉사, 말씀과 함께 하는 삶에는 충실하지만 자기 가족과 자기가 섬기는 부서, 또는 교회 외에는 전혀 관심이 없다. 일터에서도 신앙인으로 올바르게 처신하지만 하나님의 눈으로 세상을 보고 행하는 것에는 전혀 관심이 없다. 하나님은 이들이 중간 비전과 거시 비전의 단계로 오르기를 원하신다. 가두리 시스템에 갇혀 있는 성도들의 대다수가 이 단계에 속하는데, 이는 당사자나 하나님 나라에 큰 불행이다.

'중간 비전(Mezzo Visson)'이 있다. 이 단계의 사람들은 미시 비전의 단계를 넘어선 이들이다. 가족과 교회, 이웃, 지역에 킹덤임팩트를 끼치는 이들로, 개인적 혹은 단체적으로 지역을 섬기는 사역자들과 문화사역자들이 여기에 해당한다.

마지막으로 '거시 비전(Macro Vision)'이다. 이 단계의 사람들은 하나님의 눈으로 세계를 품고 구체적으로 섬기는 리더들이다. 하나님께서는 모든 성도들이 거시

태초에 공동체가 있었다

비전을 가지고 전 세계를 섬기기를 원하시고, 또 이 영
역의 사역자들을 통하여 열방의 '모든 족속에게 하나
님의 사랑과 관심을 구체적으로 드러내시기를' 원하시
며 거시-비저너리(visionary)들을 움직이신다.[234)]

② 성공에 집착했던 목회자들에 대한 유감

성공에 집착했던 목회자들이 섬기던 교회는 소외된 자들
이 사는 지역에 있지 않았으며, 성도들은 소외된 자들이 감
히 장막을 칠 수 없는 곳에 사는 이들이었다. 이분들의 목회
적 성향은 '그리스도의 고난 지향적'이 아니라 '고지 지향적'
이었으며, 그 목회방법은 '파송-방목 지향적'이 아니라 '가
두리 지향적'이었으며 설교는 세상의 변화가 아닌 성도의 풍
요와 건강에 집중했다. 이런 식으로 이분들은 세상을 치유하
기보다는 자기 성도들 치유에만 노골적이었다.

이분들의 처세는 그리스도를 따르기보다는 성도에 요구에
합당한 것이었으며, 당대의 비영적 관행을 타파하기보다는
이를 외면했다. 거지 나사로를 치유하고 그에게 일자리를 제
공하기 보다는 나사로를 외면하는 부자들의 잔치를 즐겨 드
나들었다.

이분들은 교회 밖에서는 전혀 영향력이 없지만 교회 안에
서는 막강한 영향력을 행사했으며, 예수님처럼 배척받고 인

정받지 못하는 곳을 찾아다니기보다는 박수받고 인정받는 곳을 다녔다. 이분들은 한국교회의 가장 충실했던 종이라기보다는 한국교회의 큰 별이었다고 평가받는다.

뿐만 아니다. 이분들은 탁월한 설교가로 알려졌지만 삶(복음을 노출시키는 삶)에는 문외한이었으며 결코 '유종의 미를 거두는 리더십'에 이르지 못하고, 당대의 후배 목회자들에게 '자료와 프로그램 리더십'만 남기고 사라졌으며, 반드시 했어야만 했던 말과 행동은(특히 독재정권과 공직자의 부정부패엔 노골적으로 무언급, 무대응으로 일관했음) 은퇴식 참회사로 대체했다.

그리하여 교회의 수평적 성장에 찬란한 업적을 남긴 이분들 역시 요즈음의 기독교공동체가 이렇게 파괴된 현상에 대해 책임이 크다. 이분들 중 양도둑질의 대가들도 있었다는 사실과 지금도 이분들의 뒤를 그대로 좇으며 성공지향적이기만한 목회에 집중하는 이들이 적지 않다는 사실이 한국교회의 미래를 불안하게 한다.

> 교인들은 목회자가 자기들과 나란히 피 흘리는 것을 목도해야 한다. 목회자는 그들 세상의 상처 속으로 들어가야 한다.[235]

태초에 공동체가 있었다

③ 이런 목회자를 멀리하라

"예수는 좋은데 교회는 싫고 목회자는 더 싫다는데…."
2015년 3월 18일자 로스엔젤레스 기독신보에 실린 한 기사
타이틀이다.[236] 가나안 성도들뿐만 아니라 교회 안에 많은 성
도들도 참다운 목회자를 만나기 힘들다는 아우성을 대변하
는 기사이다.

외국에 사는 두 아들이 어느 교회를 출석해야 할 지를 함
께 기도했던 적이 있었다.[237] 성숙한 목회자들과의 성숙한 관
계 속에서 성도의 믿음은 성숙해진다. 때문에 어떤 목회자를
만나느냐가 중요하다. 사실 모든 사역자는 다 하나님의 부르
심을 받으신 분들이라는 데에는 추호의 의심이 없다. 그런데
부르심을 받은 자의 시각이 좁고 그 삶과 사역이 성숙하지
못한 분들이 분명 존재한다는 사실은 인정할 수밖에 없다.

이와 관련하여 몇 년 전 나는 '이런 목회자를 피해라, 나의
두 아들아…'.라는 글을 페이스북에 올렸다.

1. 교회 밖에서는 존경받지 못하면서 교회 안에서만 인기 있는 목회자[238]

2. 교인의 관심을 받으려고 집착하는 목회자

3. 성도를 우민화시키는 목회자[239]

4. 성도를 영적 체험주의에 빠트리는 목회자[240]

5. 상처, 억압 등의 부정적 용어를 남발하는 목회자

6. 일중심적이어서 동역자들과 주변 분들에게 습관적으로 상처를 주는 목회자

7. 사랑과 섬김은 무시하고 자신의 전문성만 드러내는 목회자

8. 성도의 에너지와 관심을 교회 안에만 머물게 하는 가두리 목회자

9. 삶이 투명하지 못한 목회자

10. 교인들의 현실과 너무 멀리 떨어져 있는 설교자[241]

11. 정보만으로 성도들을 변화시키려는 목회자

12. 연약함을 드러내지 않는 목회자

13. 영적 지도에는[242] 무지하고[243] 상담과 치유만을 고집 하는 목회자[244]

14. 상식과 교양을 무시하는 목회자

15. 영적이고 사역적인 언어를 사용할 때는 당당하면서도, 이에 필요한 돈을 요구할 때는 비굴한 목회자

16. 오직 성경밖에 모르는 목회자[245]

17. 오직 기도밖에 모르는 목회자

태초에 공동체가 있었다

18. '배움의 자세'보다는 '가르치려는 자세'를 즐기는 목회자

19. '듣는 섬김'인 경청은 무시하고 '말하기'를 즐기는 목회자

20. 자신을 외부에 알리려고 몸부림치는 목회자

21. 하나님께서 주신 은사와 재능을 섬김의 도구가 아닌 생존과 경쟁의 무기로 사용하는 목회자[246)

22. 부부관계, 자녀와의 관계 등을 포함하여 가정이 건강하지 못한 목회자

23. 자신의 실수를 인정하지 않거나 그 실수조차도 이용하려드는 목회자

24. 목회를 자기 성취와 생계수단으로 여기는 목회자(세습시키고, 세습받는 행위도 포함하여).

25. 교회 밖의 사회 현상에 대처능력이 없는 것을 무관심으로 감추는 목회자

26. 독재적 리더십만을 발휘하는 목회자[247)

27. 자신에 대한 비판에 분노하는 목회자

28. 돈을 무시하면서도 성도들의 헌금을 무절제하게 사용하는 목회자

29. 성도를 자기 성공의 디딤돌로 여기는 목회자

30. 교인을 '자기의 양'으로 취급하는 목회자

5) 영적 공동체성을 상실한 교회에는 성도를 좌절하게 하는 사역자들이 판을 친다.

모든 성도는 복음적으로 살아야 한다. 복음적 삶이란 '섬기고, 나누고, 사랑하고, 더 나아가 상대를 위해 기꺼이 희생도 감수하고 심지어는 오해 받고, 무시당하고, 배척당하고, 이용당해도 그들을 품는 삶'이며 이 결과로 생명을 구원하고 하나님 나라를 확장하는 삶이다.

목회자가 설교하고 목회하는 것만으로는 복음적 삶이라고 말할 수 없다. 복음적 삶이 일상화되어 있지 않으면 그는 직업으로 성직을 택했을 뿐이다.

수도사가 수도사란 신분만을 가지고 그를 복음적 삶을 사는 이라고 말할 수는 없다. 그에게 복음적 삶이 베어있지 않으면 쭉정이일 뿐이다.

내 주변에는 목회자와 신학교 교수 또 다양한 사역자들이 많다. 그런데 이들을 볼 때마다 드는 의문이 있다. 과연 사역이란 무엇인가? 성경을 잘 가르치는 것도 좋고, 제자훈련을 잘 시키는 것도 좋고, 찬양을 잘 하는 것도 좋다. 그런데 그렇게 하는 그들은 과연 누구인가? 사역은 삶으로 그분을 증거하고, 삶으로 자신들이 작아지고 삶에서 그리스도의 향기를 발산해야 하고, 삶으로 하나님 나라를 확장시키는 자로 사는 것이 선행되어야 하지 않을까? 그냥 성경을 가르치는 자로서, 선교사를 양성하는 자로, 기독교 교육 선생으로, 찬양사역자로 탁월하기만 하면 되는 것인가 말이다.

① 사랑은 없고 전문성만 강조하는 사역자들이 있다

신학자들은 신학 없는 교회가 문제 있다고 하고 선교사들은 선교 안 하는 교회가, 전도자들은 전도 안 하는 교회가, 상담가들은 상담 없는 교회가, 치유사역자들은 치유사역없는 교회가, 가정사역자들은 가정사역 없는 교회가, 큐티사역자들은 큐티 안 하는 교회가, 청년사역자들은 청년사역 없는 교회가, 문화사역자들은 문화사역 안 하는 교회가, CCM하는 이들은 CCM을 외면하는 교회가 문제라고 한다. 또 어떤 이들은 책 안 읽는 교회가, 방언 안 하는 교회가, 예언 안 하는 교회가, 그리고 영적 체험에 무관심한 교회가 문제가 있다고 한다.

그러나 그 말하는 속을 조금만 들어다 보면 다들 자기 전공에 발붙이지 못하는 교회에는 소망이 없다고 말하고 있는 것이다. 어찌됐거나 좋다. 요는 사랑 없는 사역이 문제이고 사랑 없는 사역자들의 헛발질이 최악이라는 거다.

사랑보다 사역을 앞세우는 전문가들로 인하여 황폐해지는 사역의 현장과 그들이 지나간 다음 죽음처럼 뒹구는 사역의 희생자들을 생각하면 이들의 전문성이 섬짓하다. '사랑 없는

165

제4장/ 영적 공동체가 파괴되는 교회의 특징

사역자들의 찬양과 기도는 죽음을 부르는 저주' 그 이상도 그 이하도 아니기 때문이다.

② 너무도 이기적인 사역자들도 있다

사역들이 전문화되고 있는 현상은 매우 긍정적이다. 그런데 보다 전문화되다 보니 경쟁이 생겨나고, 자신의 혹은 자신이 속한 사역이 다른 사역보다 더 탁월하고, 효율-효과적인 것이라는 비가시적 마케팅이 만연하다. 이런 식으로 자신들의 사역의 독특함과 탁월함을 강조하다 보니 '주님을 알리는 것'보다 '사역을 알리는데' 더 많은 에너지와 관심을 두고 있다.[248]

자신들의 사역이 너무 소중해서 남의 사역에 별 관심이 없는 이들이 많다. 자기 영역의 경험만 강조한다. 섬김의 기초가 경청인데, 이 기본도 안 된 사역자들을 만나는 것은 이젠 정말 두렵기조차 하다. 시너지를 창출하지 못하는 이런 사역자들로 인해 영적 공동체는 파괴된다.

222) 변화 시스템에 대해서는 87쪽 '2장 영적 공동체'의 '13) 영적 공동체는 변화 시스템이 작동되는 공동체이다'의 '그림 5'를 참조하기 바람.

223) 자신을 내어 줌을 최고의 실천적 섬김이자 공동체를 성장·성숙시킨다. 그런데 '자신을 내어 준다'는 것에 대한 구체적 정의는 늘 모호했다. 자신을 내어 줌에 대해 피터 로드는 다섯 가지를 말한다. 첫째, 대화 상대가 필요한 사람에게 귀를 빌려 줘야 한다. 둘째, 외로운 사람에게 동반자가 돼 주어야 한다. 세 번째, 연약한 사람에게 힘을 빌려 주어야 한다. 네 번째, 필요한 이들에게 재능이나 기술을 빌려 주어야 한다. 마지막으로 격려나 위로, 지혜의 말을 해 줘야 한다.

224) 존 엘드리지, 97.

225) 이렇게 교회를 떠난 이들의 심장을 가득 채우고 있는 영적 허기 즉 그리스도의 다시 오심을 대망하는 사상을 존중해야 한다.

226) 목회자들은 성도의 시선을 단 일초라도 자신에게 머물게 해서는 안 된다. 그들의 시선을 예수께 옮기는데 추호의 망설임이 있어서는 안 된다. 목회자는 성도와 예수님이 만날 수 있는 공간을 창조하는 자일 뿐이다.

227) 유진 피터슨, 「다시 일어서는 목회」 247.에서 재인용.

228) 빌 훌, 298.

229) 탐 알렌, 91.

230) 로버트 프레이저, 74.

231) 로버트 프레이저, 74.에서 재인용.

232) 성도는 성경적 시각을 가지는 특권이 있다. 세상 구석구석을 성경적 시각으로 직시하여 비성경적으로 작동되는 모든 영역과 시스템을 찾아내어 하나님의 샬롬이 임하게 하는 자가 되어야 한다. 이는 성도의 특권이자 축복으로 진정한 선교다. 모든 성도는 마땅히 이 사역적 존재를 살아야 한다. 이건 운명이자 또 마땅한 과업이다. 물론 이는 말로 되는 것이 아니다. 성경이 우리 전인격 속에 충분히 녹아들어, 우리의 삶에서 하나님의 사랑과 긍휼하심이 넉넉히 발산될 때 가능하다.

233) George Barna, 「Turning Vision Into Action」 83.

234) 위의 책, 81~85.

235) 어윈 루처, 63.

236) kr.christianitydaily.com/articles/82389/20150313

237) 교회에 대한 고민, 이건 성도의 축복이다. 그러나 목회자인 내 입장에서 보자면 내 두 아들에게 이런 교회는 가고 저런 교회는 가지 말라고 말하진 않는다. 모든 교회가 거룩하신 '그리스도의 몸'이기 때문이요, 인간의 그 어떤 잣대로도 비판할 수 없는 거룩한 영역이기 때문이다. 물론 이단에 속한 교회가 아닌 것을 전제로.

238) 이 세상에서 존경을 받으려면 자신의 힘을 과시해야 하고 약점을 부인해야 한다. 그러나 하나님 나라에서는 약점을 내 보이고 능력을 부인한다. (탐 알렌, 48.)

239) 이에 대한 탐 알렌의 비판은 대단히 날카롭다. "이러한 목회자들은 어쩌면 하나님의 온전하신 의도를 성도들에게 전달하는 데 두려움이나 거리낌을 느끼고 있을지도 모른다. 아니면 한 번쯤 그렇게 담대한 자세를 취했다가 혼쭐 난 경험이 있는지도 모른다. 그것도 아니라면, 양무리를 이끄는 목자 자신이 믿음의 더 깊은 진리에 대해 배워 본 경험이 없기 때문에 양떼들도 영적 지도자의 수준에서 더 이상 높이 못 올라가는 것일 수도 있다. (탐 알렌, 18.)

240) 성도들을 영적 체험이라는 잣대로만 평가하고, 그런 식의 믿음만이 최고 수준임을 막무가내로 설득하려 드는 목회자들은 성도들보다 계급적 우위를 점하려는 욕심을 버리지 못한다.

241) 이들은 성도의 영혼을 부실공사한다.

242) "영적 지도의 전적인 목적은 한 사람의 삶 내부로 깊이 들어가서, 그가 세상에 드러내는 상투적인 몸짓과 태도라는 가면의 배후를 가려내고, 그의 내적인 영적 자유, 마음속 깊이 간직되어 있는 진리, 즉 그의 영혼 안에서 그리스도의 형상이라 일컫는 것을 드러내는 것이다." (토머스 머튼/키이저 앤더슨, 39.에서 재인용)

243) 십자가의 성요한은 "영적 지도자는 하나님이 영혼을 인도하시는 길을 볼 수 있어야 한다. 그렇지 않으면, 성도들이 영적 지도자들을 떠나는 것을 방해하지 말라."고 한다. (위의 책 66.에서 재인용)

244) 누구에게나 영적 지도가 필요할 때가 있다. 폴 존스(W. Paul Jones)는 영적 지도의 긴급한 필요성을 느끼는 때를 다음과 같이 구체적으로 설

168

명한다. '과거의 문제들을 해결할 때, 자신과 타인들의 한계를 인정할 때, 따르고 형성하기를 원하는 가치의 내면화가 필요할 때, 지혜롭고 필수적인 헌신과 결단이 요청될 때, 건강한 인간관계의 수립과 양육이 필요할 때, 한 사람의 영혼을 충족시켜주는데 적합한 영적 훈련을 선택하고 책임성 있게 지속해 나가려 할 때, 후원과 책임의 공동체에 어떻게 신실해질 수 있는지를 배우려할 때, 중요한 직업의 선택이나 일생의 동반자를 선택하는 일과 같은 생의 중요 기로에서 영적으로 성숙한 결정을 내리기 원할 때, 탈진, 고갈로 말미암아 감성, 상상력, 또는 지성이 소멸되는 것과 같은 두드러진 특징이 나타나 여기에 대응해야 할 필요가 있을 때, 미지의 세계로 향하는 문지방을 넘어야 할 때, 이미 서약한 바를 뒤흔드는 신앙의 위기 상황에 처했을 때, 이런 경우들은 바로 우리가 삶의 방향성을 잃어버린 때이고 영적 지도를 필요로 하는 때이다. (폴 존스, 「영적지도의 이론과 실천」 은성.)

245) 성경읽기는 제아무리 강조해도 또 강조하고 끝없이 강조해야 한다. 그런데 세상읽기와 사람읽기가 없는 성경읽기는 2,000년 교회역사 속에서 주구장창 그 치욕의 이분질(성과 속, 성직자와 비성직자의 구분질)을 남겼고, 그 결과 교회는 세상을 구원하고 변혁하는 그리스도의 몸의 기능을 스스로 황폐화시켜왔고, 소금과 빛으로 세상을 섬기고 변혁시켜할 변혁의 대리인인 성도들은 영적주관주의에 함몰되어, 영성도 야성도 영적 성숙도 그 본연의 길을 벗어난지 이미 오래되었다. 단지 영적 체험, 나름의 영적 전통유지질에만 중독되어 있을 뿐이다.

246) 오늘날 많은 목회자들이 호화로운 집과 차, 옷으로 사람들을 예수께 이끌려 한다. 그러나 그것은 신약 성서에 기록된 사도 바울이 사람들을 이끈 방식이 아니다. 그런 식으로 누군가를 예수께 이끌어서는 안 된다. 그러면 예수께로 오지 않고 물질과 그것을 제공할 수 있는 자에게 가게 된다. 사도 바울은 크리스천의 삶이란 매 맞는 것과 배고픔과 감옥에 갇히는 것과 자지 못하는 것 같은 고난이 없을 수 없다는 것을 분명히 보여줬다. 그러나 이러한 고난의 한복판에서 바울의 영혼은 결코 낙담하지 않았으며, 그가 할 수 있던 모든 것은 예수를 지녔기 때문에 기뻐하는 것이었다. - 존 파이퍼 목사의 마지막 설교에서

247) "타락으로 말미암아 사람들을 지배자와 종으로 만들었고, 사람들이 임무에 참여하는 것은 공동체를 지배하는 권위를 지닌 몇몇 개인들의 뜻

에 복종하는 것이 되었다. 그리고 축복으로 주셨던 사역들은 이제 저주가 되고(창1:28), 힘든 노동이 되고 말았다(창3:16-19). 하나님의 꿈은 그 공동체 구성원들이 모두 다 제사장의 일을 하는 것이었고, 하나님이 구성원들의 왕이 되시는 것이었다. 즉, 다 사역자가 되고, 하나님께서는 그들의 자비로운 통치자가 되시길 원하셨다. 그런데 소수만 사역자가 되었다. 구약에서는 제사장과 선지자가 사역했고, 왕은 하나님 대신해 일하는 것이 아니라 지배자가 되었다." (길버트 빌지키언, 「기독교 101」)

248) 모든 유형의 성경공부와 모든 유형의 신학은 참으로 소중하다. 그런데 제각기 자기 식의 성경공부와 신학을 경쟁적으로 강조하다 보니, 이것들이 '주님을 아는 것'에서 너무 멀어져 있는 경우가 발견하기가 어렵지 않은 현실이다. 물론 일부 교회들도 이런 비참한 현상에서 자유로울 수 없고… 성경공부든, 신학이든, 사역단체이든, 교회이든, 목회자이든, 선교사 혹은 순교자, 혹은 성자이든, 무엇을 또는 누굴 막론하고, 결과적으로 자신들이 증명되는 짓이라면, 조용히 사라지는 멋이 필요하며, 이 냉정한 영성의 깊음에 깊이 잠수하는 지혜적 용기가 필요하다.

태초에 공동체가 있었다

제5장

영적 공동체를
상실한 성도들

1980년대 신도시가 생겨나면서 이동교인이 급증하자 신도시 교회들은 이주해 오는 이동교인들을 끌어들이기에 집중했다. 이들 교회는 이동교인들의 '섬김을 받고자 하는 기대와 욕구를' 채워주는 소위 호객용 프로그램과 세미나를 경쟁적으로 진행했고, 교회성장병에 빠진 목회자들 역시 호객용 프로그램을 작동시키기에 혈안이 되어 있었다.[249]

성도는 자신들이 원하는 것이 아니라 예수께서 교회공동체를 통해 성도들에게 주시고자 하시는 것을 제공받아야 한다. 그것은 성도가 하나님의 사랑인 아가페를 아낌없이 주고받으며 영혼이 살찌고, 또 이 사랑을 세상에 전하는 자로서 살도록 격려받고 도전받는 것이다 .

교회성장병에 빠진 교회가 제공하는 호객용 프로그램은

성도들에게서 영적 공동체를 빼앗고 영혼을 병들게 했다.

미국 교회의 교훈

2015년 4월 2일, 뉴욕타임스는 로버트 슐러 목사의 사망을 알렸다.[250] 로버트 슐러 목사는 2차세계대전 이후 미국교회의 성장을 이끈 교회성장의 아버지로 알려졌다. 20세기 중후반부터 사람들의 필요를 채워 주는 마케팅이 비즈니스를 주도해 왔다. 로버트 슐러도 그랬다. 1955년 로버트 슐러는 불신자 또는 구도자, 그리고 가나안 성도들의 필요를 채워주는 것이 자신의 목회라는 목회철학을 가지고 오렌지 카운티에 수정교회를 세워, 당시로서는 파격적이었지만 실은 매우 인위적인 프로그램 목회를 했다. 그리하여 메가처치로 급성장한 수정교회는 20세기 중후반의 미국교회 성장을 이끌었다.

결과적으로 이 성장은 이동교인과 양도둑질을 목적으로 이루어진 수평성장이었다. 이런 의미에서 로버트 슐러는 미국 교회성장의 아버지라기보다는 수평성장의 아버지 또는 양도둑질의 아버지다. 미국에서는 빌 하이블스, 릭 워렌, 한국에서는 소수의 목회자들이 슐러의 목회와 원리를 모방 또는 적용하여 메가처치를 만들어 냈다. 또 빌 하이블스와 릭 워렌 등이 보다 세련되게 패키지화한 목회 방법을 그대로 가져와 '저가 패키지 영성 프로그램'을 제공하는 신종 양도둑질로 한국에서 메가처 치를 만든 목회자와 그 아류들도 있었다.

목회는 성도의 필요를 채워주는 것이 우선이 아니라, 아가페 사랑과 하나님의 디렉션을 성도들에게 전해주고 그 명령에 온 교회공동체가 함께 움직이도록 하는 것을 우선으로 하는 섬김이다.

사람의 필요를 채워주자니 교회가 병원과 훈련소가 되어 버렸고 이 병원과 훈련소 목회가 결국 양도둑질 전문 메가처치를 가능하게 했다. 이런 점에서 요즘 한국 의 메가처지를 세운 일부 목회자들이 받을 비난은 정말 무거울 것이다.

십여 년 전부터 미국에서는 양도둑질 목회를 비판하 는 자성의 목소리가 제법인데, 그 비판에는 전혀 아랑곳 하지 않고 여전히 '저가 패키지 영성 프로그램'을 미끼 로 하는 양도둑질에 집착하는 한국의 일부 교회들은 정 신차려야 한다.

성도는 프로그램이 아닌 사랑으로 성장하고 성숙해야 한 다. 성도가 조직 시스템과 프로그램에 속하게 되면 '인근 목 장에서 적응하지 못하는 양들을 빼내오는'[251] 양도둑질에 이 용되는 등 교회성장과 유지를 위한 수단이 된다.[252] 교회의 조직화와 프로그램화 등으로[253] 영적 공동체를 상실한 성도 들에게는 다음과 같은 현상들이 나타난다.

태초에 공동체가 있었다

1) 개인주의의 늪에 빠진다

영적 공동체를 상실하고 소위 '나 먼저 교(me first cult)'인 개인주의에 빠진 성도는 자신의 영적 만족과 영적 문화를 누리는 데에 집착한다. 그래서 하나님 나라와 영적 공동체를 위해 자신을 드리는 대가지불을 성도들에게는 기대하기 힘들다.[254]

개인만을 지나치게 강조하는 개인주의로 인하여 공동체적 삶은 현대 문화에서 거의 잊혀졌다. 대부분의 성도들은 개인주의자들이다. 공동체를 위해 자신을 기꺼이 희생하기보다는 자신의 개인주의가 인정되고 존중받는 기독교 문화를 만든다. 이런 이유로 교회공동체는 늘 고립되어 떠도는 하나의 폐쇄집단이 되어 버렸다.

2) 고립된다

"제발 교회 외에 다른 곳도 다녀보고 성경 외에 다른 책도 읽어 보라구." 크리스천 아내를 둔 남편들의 불만이다. 성경을 많이 읽는 것은 좋다. 그러나 성경만 읽는 것은 문제다. 교회에 출석하는 것은 좋다. 그러나 세상을 향해 나아가기를 거부하고 교회만 출석하는 것도 문제다. 영적 정보를 많이 접하는 것은 좋다. 그러나 영적 정보에만 집착하는 것 역시 문제다.[254] 이들은 너무 경건해서 세상에 그 어떤 유익도 주

지 못하기 때문이다.[256]

'크리스천의 장막'에 둘러쌓여 사는 것은 사역적 존재인 성도에게는 최악이다. 설교한다면서 그 대상이 100% 성도들이고, 찬양 사역한다면서 '진정한 찬양과 즐거운 노래를 혼동하고' 있을런지도 모를 크리스천들에 휩싸여 지내고 있다면, 이건 잘못된 것이다(마르바 던).

성도는 성도의 장막에서 벗어나기 위해 노아에게서 배워야 한다. 노아는 방주를 건설하던 그 오랜 시간동안 자신을 비정상으로 여기는 이들의 조롱과 비난을 받으면서도 온전히 하나님의 명령에 순종했다. 하나님의 명령을 순종하는 자들에게 쏟아지는 세상의 조롱과 비난을 피하기 위해 성도의 장막으로 도피하면 안 된다. 그러나 불행히도 "많은 성도들이 세상과 너무 분리된 나머지, 잃어버린 영혼들, 즉 지옥으로 향하고 있는 사람들로부터 고립되어 있다."[257]

> 이들 신자들은 기독교라는 누에고치 속에 있을 때 안락함을 느낀다. 모든 친구들이 교회에 다닌다. 그들 주위에는 경건 서적과 기독교 유선 텔레비전과 기독교 계통의 라디오 방송이라는 방벽이 둘러쳐져 있다. 찬양 집회 비디오 테이프와 설교 테이프가 쌓여 있다. 모든 악한 영향으로부터 자신을 보호하기 위해 주위에 방탄막을 치고 있다.[258]

3) 일상생활의 영성을 상실한다

일상은 하나님께서 우리에게 허락하신 삶의 모든 영역이다. 우리가 누구이며, 우리에게 삶의 의미는 무엇이며, 또한 삶의 목적과 목표가 무엇인지를 바르게 이해하는 이와 그렇지 못한 이의 일상에서 나타나는 모습은 전혀 다르다.

① 통합된 일상영성이 필요하다.

믿음으로 통합되지 못한 일상은 위험하다. '노동-돈-시간 사용-섹스-사역-이웃돌봄-환경-국가적 문제-세계적 이슈' 등의 일상을 믿음으로 대처하지 못하면 성도는 사역과 일상을 구분하고 이웃과 원수를 구분하고 또 거룩과 세속, 성직과 세속직을 구분하는 이분법의 위험에서 벗어나지 못한다.

통합된 일상영성이란 믿음을 지키기 위해 세속을 거부하는 것이 아니라, 세속에서 소금과 빛으로 믿음을 살아 내는 것이다. 거룩하기 위해 세속을 떠나는 것이 아니라 세속에서 세속을 거룩하게 하는 것이다.

② 일상영성의 상실

성도는 그리스도와 함께 죽어야 하는 존재로 선택받은 자들이다. 그런데 성도 중 '저가 패키지 영성 프로그램'에 속하

177

는 큐티나 찬양, 영적 체험 등에 집중하면서 이것으로 사역의 일선인 전장에 나가는 걸 대신하고 있다고 착각하는 이들이 있다.[259]

아버지에게 상처를 받았다고, 시어머니 때문에, 실연을 당해서, 부도가 나서, 교인들이 싫어서, 목회자가 저질이어서, 위궤양이 있다고 또는 주님의 음성이 들리지 않았다고 전장에 나가지 않으려고 하는 성도들도 있다. 전장의 삶을 살도록 태어난 성도들은 이래서는 안 된다.

일상영성을 상실하면 영적 생활에 집중하면서 동시에 비영적 생활에도 집중하는 경향이 있다.[260] 갤럽과 사회학자들의 조사에 따르면 '복음주의 기독교인들이 세상 사람들처럼 성적으로 부도덕하고, 물질과 향락을 추구하며, 욕심을 채우기에 급급한 삶을 살아가는 것'이 우리 시대의 가장 큰 스캔들 가운데 하나로 드러난다. 다음의 통계자료는 그와 같은 암담한 현실을 보여준다.

- 기독교인들도 비기독교인들 못지않게 이혼율이 높다.
- 기독교인들도 비기독교인들 못지않게 아내에게 폭력을 행사한다.
- 기독교인들도 비기독교인들 못지않게 물질을 추구한다.
- 백인 기독교인들은 피부색이 다른 이웃을 멸시하는 경향

태초에 공동체가 있었다

이 높다.

- 신앙심이 강한 기독교인 가운데 26%가 혼전성관계를 인정한다. 아울러, 신앙심이 비교적 약한 기독교인들의 경우는 그보다 높은 46%가 혼전성관계를 인정한다.[261]
- 2015년 7월 26일 한국교회탐구센터가 개최한 '교회의 성 잠금해제(?)'를 주제로 제4차 교회탐구포럼에서 이날 발표된 미혼 기독청년들의 성의식 및 행동에 관한 설문 조사 결과는 충격적이었다. 한국의 크리스천 미혼 기독 청년의 52%가 '성관계'를 경험했으며 61.3%가 '혼전순결이 필요 없다.'고 답했다.[262]

4) 영적 야성을 상실한다

베네통의 창시자인 루치아노 베네통 회장은 "남의 뒤를 따르는 자는 성공할 수 없다."고 말했고 바울은 "이 세상을 본받지 말라."(롬12:2)고 충고했다. 남의 뒤를 따르는 자는 성공할 수 없고 세상을 본받는 자는 그 영혼이 소생할 수 없다. 성경은 우리에게 "이 시대를 본받지 말라"고 강력히 명한다.

① 영적 야성은 "나를 따르라"는 예수님의 명령에 대한 주도적인 응답이다.

야성의 구원자이신[263] 예수님의 제자라면 먼저 이 시대의 정상(正常)을 벗어나야 한다. 세상의 통념과 기존의 해답을 거부하는 영적 야성으로 결연히 제자의 삶을 살아야 한다.[264]

영적 공동체의 지체들은 하나님의 말씀에 순종하여 너무 멀리 갔다 싶을 만큼 위험을 무릅쓰다 마침내 자신이 얼마나 더 멀리 갈 수 있는지를 깨닫는 제자들이다.[265] 함께 예수님을 따르다 십자가에서 함께 죽고자 하는 이들은[266] '비정상이자 규범과 궤도를 이탈하고 통념 밖에서 생각하며 기존의 해답을 거부하는' 야성의 소유자들이다.

② 영적 야성의 상실

개인주의에 집착하는 성도들이 늘어나는 추세이다. 개인주의적 신앙은 성도들 사이에서 또 동역자들 사이에 영적 시너지를 창출할 수 없기에 개인주의적 성도들은 영적 야성을 소유할 수 없다.

영적 야성을 상실한 성도는 세상에서 소금과 빛이 되거나, 복음적 삶으로 이 시대에 반격하며 전적으로 헌신할 수 없다. 성도들은 자기만족과 편리함 그리고 가족이기주의 또는 공동체이기주의에 빠져 '이 정도면 못 믿는 것 아니지 않겠느냐' 식이다. 이런 식으로 자기희생이 결여된 믿음은 2,000년 전의 성도들과는 전혀 동떨어진 믿음이다.

③ '늘-늘-늘 덫'(타성의 덫)

늘 모이던 사람들과 만나, 늘 하던 이야기를 하며 먹고 마시다, 늘 아무 생각 없이 집으로 오고, 늘 이런 모임이 반복되는 것을 '늘-늘-늘 덫' 또는 '타성의 덫'이라 한다. 이 덫에 걸린 모임과 조직은 늘 있어 왔지만 예외 없이 늘 무의미하다.

지난 2,000년 기독교 역사에 있어 '타성의 덫'에 걸린 교회들이 사단에게 얼마나 휘둘렸나를 생각하면 타성의 덫은 그 어떤 희생을 치루더라도 제거해야만 한다. 이 덫에 걸리면 결국 주님의 말씀에 행동으로 순종하자는 영적 야성이 사라지고, 세상의 타성에 중독된 내 생각과 판단이 매사를 주도하게 된다.

④ 타성의 덫에 걸린 공동체

성도나 공동체가 영적 야성을 상실하면 '늘-늘-늘 덫'에 걸린다. 이와 관련하여 내가 속한 공동체 이야기를 해야겠다.

공동체를 창립하여 13년 2개월이 지나는 즈음이었던 2015년 10월말, 우리 공동체는 가장 의미 있고 또 성숙한 영적 공동체 중 하나였다. 그런데 하나가 부족했다. 그건 영적 야성을 상실하고 타성의 덫에 걸린 것이었다. 지체들에게 세상에서 소금과 빛이 되고, 복음적 삶으로 이 시대에 반격하는 전적인 헌신이 없었던 것이다. 자기만족과 편리함 그리고 가족이기주의와 공동체 편리주의에 빠져 '이 정도면 잘 못믿는 것 아니지 않겠느냐'였다.

리더가 보기엔 예수님께서 세우셨던 2,000년 전의 그 '새로운 대안적 공동체' (행2:42~47)와는 거리가 먼 모임이었다. 예수께서 피 흘리신 십자가를 심장에 품는 믿음이 아니라 십자가를 액세서리로 목에 걸고 자기와 자기 가족의 안전과 만족만을 누리는 모임이었다. 전혀 제자공동체가 아니었다.

10월 마지막 주일 다음과 같이 광고했다. "우리는 나름 의미 있고 성숙한 공동체로 모이고 있지만, 그렇다고 이것이 예수께서 원하시는 '그 공동체'는 아닙니다. 우리는 우리끼리의 '닫힌 편리함'에 너무 익숙해져 있어 우리 공동체 안에서 영적 야성을 회복하기 힘든 지경입니다. 그러니 이 상태로 계속 모일지, 그만 모일 지를 한 달간 기도해보고 정하겠습니다."

한 달이 지난 11월 말, 나는 말했다. "12월 한 달간 다른 교회를 방문해 보고, 여러분들이 신앙생활을 잘 할 수 있는 교회를 찾아보시기 바랍니다." 그리고 12월 한 달간 그 어떤 공식모임과 공식 예배로 모이지 않았다.

헤쳐 모여 후 첫 주일인 2016년 1월 3일, 공동체에 남아

태초에 공동체가 있었다

있기로 한 지체들은 자신들의 표현에 의하면 '이제 잘 믿어 보고자' 예배로 모였다.

2016년 부활주일은 내 인생에 있어서 가장 의미 있는 주일이었다. 이 날 20명이 모였기 때문이 아니라, 그 20명 중에서 10명을 3개월 동안 선교지로 파송하는 날이었기 때문이다. 5년간 우리 공동체가 섬기던 해발 3,400m의 고원으로 3명의 엄마와 7명의 꼬맹이들이(9개월, 세살, 8살 2명, 9살 1명, 10살 2명), 부활절 다음 날 이른 아침에 현지로 출발했다.

"가서, 어설프게 뭘 도와주고 가르치고 중보하지 말고, 하나님께서 현지인들을 어떻게 축복하시는지를 체험하고 그분들과 진심으로 어울리며 그 축복 받는 삶에 적극적으로 동참해 보세요. 마냥 배우는 자세로 즐기세요."라고 나는 제안했다.

부활절 예배 후, 2002년 9월 첫 주일 첫 예배를 시작하면서 함께 꿈꾸었던 공동체의 정체성과 사명에 관한 동영상을 다같이 시청했다. 그리고 우리는 다음날 고원으로 향하는 10명의 지체들을 위해 한마음으로 기도했다.

이후 3달 후인 6월 말까지 이곳에 남아있는 지체들은 10명이 옹기종기 모여 예배드리는 특권을 누렸다.

타성의 덫을 벗어나 영적 야성을 회복하기 위한 몸부림을 치지 않으면 안 된다.

5) 제자이기를 거부한다

> 사람들이 자신을 그리스도의 제자라고 밝히기가 거의 두려운 시절이 있었다. 그 의미가 너무나도 컸기 때문이다. 지금은 전혀 힘들이지 않고 그렇게 말할 수 있다. 그 말에 아무 의미가 없기 때문이다. - 쇠렌 키에르케고르

성도와 공동체를 무기력화하기 위해 사탄이 택하는 모든 유형의 공격은 철저히 최저비용고효율 전략이다. 그 대표적 방법은 성도를 일상에서 무기력하게 하고 개인주의에 몰입하게 하는 것이다. 깨어있지 못한 성도의 영적 순결함과 사역에 대한 헌신은 저절로 소멸된다.

사탄은 허울뿐인 교회를 이용하여 '성도들이 개인주의에 미쳐 광속의 페달을 밟는 것'을 더욱 가속화시키고, 양도둑질 전문교회들을 이용하여 성도들을 더욱 개인주의로 몰고 간다.

이 지경에 이른 현실에서 일상 가운데 자신이 성도의 제자라고 밝힌다는 것은 무의미하다. 그 원인들은 무엇일까?

① 성도들이 너무 바쁘다

다양한 기존 매체들을 포함하여 인터넷과 스마트폰 등에

넘쳐나는 영적 정보로 인해 지금이야 말로 하나님의 은혜에 집중할 수 있는 좋은 환경인데, 일, 수다, 쇼핑, 인터넷 게임, 인터넷 서핑 등의 이유로 모두들 바쁘다. 하나님과 친밀감을 유지할 수도 또 영적 공동체를 전심으로 섬길 수 없을 정도다. 모두들 너무 바쁘고, 할 일이 많고, 즐길 것도 많고, 심지어는 교회 안에서 쉬지 않고 운영되는 프로그램에 참석하는 것에 정신이 없고…. 사탄이 이런 식으로 성도를 몰아가고 있다.

② 성도들의 주업과 부업이 바뀌었다

후진국형 관료주의의 특징을 보면, 공무원들이 근무시간에 딴 짓을 한다.[267] 이런 공무원에게서 직업윤리라든가 애국심을 기대할 수 없다. 이와 같은 현상이 성도들에게도 나타난다. 사역과 자신의 사업(일, 공부 등등)을 별개로 여기고, 자신의 생계유지에만 몰입하는 것은 부르심을 받은 성도들의 주업과 부업이 바뀐 경우이다.

③ 영적 성숙은 무시하고 외양에만 치중하는 성도들이 있다

한국의 20대 여성의 골밀도가 30~40대 여성에 비해 상대적으로 낮다고 한다. 이는 자신의 외양을 가꾸려는 목적으로 지나치게 시도하는 다이어트와 무관하지 않다.[268] 이와 같이 영적 성숙과 내면에 에너지를 집중하기보다는 그 외양에만 에너지를 집중하는 현상을 개인주의적 성도들에게서 찾기란 어렵지 않다.

④ 헌신공황장애(Commitmentphobia)[269]

헌신공황장애란 의무적인 헌신을 거부하는 장애이다. 교회의 모든 훈련에는 열성적으로 참석하지만 실천적으로 헌신하는 단계에서는 회피하는 일종의 영맥경화이다. 데이트와 연애까지는 매우 정상적으로 진행하지만, 의무적 헌신을 요구하는 결혼은 거부하는 것도 같은 증상이다.[270]

바쁜 시대를 살아가는 우리는 한정된 시간과 에너지를 너무나 많은 영역에 할당해야 한다. 이렇게 하려면 지혜와 전략이 필요하다. 그런데 '지혜와 전략' 사용에 생소하고, 훈련이 안 되어 있는 이들은 자신이 원하는 것 혹은 자신의 감정이 쏠리는 대상에만 자신의 시간과 에너지를 집중하는 경향이 짙다.

자신이 좋아하는 것에는 전적으로 집중하고 적극적이지만 의무적 헌신이 요구되는 상황을 피하는 이들이 있다.[271] 이들 헌신공황장애 환자들이 제자이기를 거부하는 것은 당연하다.

태초에 공동체가 있었다

249) 다시 강조하지만 수평이동성장을 노리는 양도둑질은 죄다.

250) www.nytimes.com/2015/04/03/us/rev-robert-h-schuller-hour-of-power-evangelist-dies-at-88.html?smid=fb-share

251) 윌리엄 채드윅, 11.

252) 유기체적 공동체로서의 교회는 사랑으로 작동하지만, 단지 조직으로서의 교회는 성도를 비인격적으로 취급할 가능성이 높다.

253) 영적 공동체를 파괴하는 다른 요인들로는 시대의 핫이슈들을 외면하는 교회, 성도를 좌절케하는 목회자, 성도를 좌절케 하는 사역자들, 성도의 대망사상을 막는 교회, 자기 몰입형 교회 등이 있다. 또 영적 공동체를 파괴하는 시스템들이 있는데, 영적 학대 시스템, 전통에 찌든 시스템, 가두리 시스템, 영적체험주의, 율법주의, 리더십의 갈등과 분규 시스템 등이 있다.

254) 성도에게는 선포해야 할 말씀이 있고 되새김질해야 할 말씀이 있다. 전자는 사역적 삶이라면 후자는 성숙을 위한 개인 경건의 삶으로 묵상이 그 예다. 냉철하게 지난 35년 간의 한국교회의 역사를 뒤돌아 보면, 과거 어느 때보다 선포자의 삶을 외면하고 묵상자의 삶에 집중하여 묵상이 선포를 대체하게 된 것은 비극이다. 이 비극은 성도들이 사회의 이슈에 그토록 무관심한 것과 개인 이기주의적 또는 집단(개교회) 이기주의로 몰입한 것, 그리고 한국교회가 이 상황에 처한 것과 매우 깊은 관계가 있다. 개인주의로 함몰된 묵상은 개인경건을 명분으로 기독교의 보화들을 잃어버리는 불행을 자초하였다. 물론 이는 분별력을 무시하는 기도, 영적 야성을 거부한 찬양, 영적 성숙을 외면하는 영적 체험주의, 그리고 지성을 무시한 영성훈련 등과 같이 지푸라기 은혜에 집착함으로 초래된 재난급의 비극이다.

255) 나는 여러 교회에서 부부모임을 인도한 적이 있다. 아내들의 불만은 남편들이 성경을 너무 안 읽고 교회에 헌신하지 않는다는 것이었는데, 남편들의 불만은 그 반대였다. 아내가 다른 책은 제외하고 성경만 읽고, 영적 정보에만 빠져산다는 것이었다.

256) 탐 알렌, 67.

257) 위와 동일.

258) 위와 동일.

259) 모든 큐티나 찬양, 영적 체험 등이 다 '저가 패키지 영성 프로그램'이라고 말하는 것이 아니다.

260) 우리는 교회생활과 영적 훈련을 중심으로 이루어지는 '영적인 활동'과 결혼생활, 자녀양육, 소비방식, 휴가, 시험공부 같은 일상생활을 중심으로 이루어지는 '세속적인 활동'으로 삶을 양분하는 경향이 있다.

261) 피터 스카지로, 「정서적으로 건강한 영성」 47.

262) http://m.theosnlogos.com/news/articleView.html?idxno=230

263) 그러나 하나님과의 관계라는 영역에서는 상호교류적(interactive) 영성을 소유하셨다. 성숙하고 건강한 영성이란 이 양자의 영성이 잘 조화를 이룰 때 가능하다.

264) 이에 대해 케네스 리치는 이렇게 말한다. "사회는 점점 더 황폐해지고 있고, 그들의 영적 근원들로부터 뿌리뽑히고 있다. 이러한 사회 속에서 항상 우리를 둘러싸고 있는 야만성에도 불구하고 생존할 수 있는, 그리고 그 야만성의 희생자들을 보호할 수 있는 새로운 공동체적 삶의 형태를 형성하기 시작할 필요가 있다." (케네스 리치. 「영성과 목회」 28~29.)

265) "너무 멀리 갔다 싶을 만큼 위험을 무릅쓰는 사람들만이 자신이 얼마나 멀리 갈 수 있는지를 깨닫게 되는 법이다." (T.S. 엘리어트)

266) 이 특권은 성도의 삶을 매우 비정상적이게 하며 천상의 사고에 도달하게 한다. "인간이 제정신을 잃을 때 천국은 의미를 얻는다. 필멸의 이성을 모두 등질 때 인간은 마침내 천상의 사고에 다다른다." (Herman Melville)

267) 책상에 앉아 증권에 집중한다던가 자신의 미래를 위해 공부하기 또는 부정부패 등등.

268) 흔히 여성 골다공증은 50대 이후에 나타나는 것으로 알려져 있으나 앞으로는 20대에서 골다공증 환자가 적지 않게 생겨날 것으로 여겨진다. 이는 20대 여성들이 내적 건강보다는 외적인 아름다움에 더 치중해서 생기는 현상이다. 신앙인에게는 영적 골다공증이 있다.

269) Steven Carter and Julia Sokol, 「Men Who Can't Love」, M.

Evans And Company Inc. 12.

270) 이런 이유로 결혼을 거부하고 혼자사는 현상을 'Singleism on the stigmatization of single people'이라고도 한다.

271) Harry Kim, 태초에 관계가 있었다, 97~98.

제5장/ 영적 공동체를 상실한 성도들

제6장

우리에겐
영적 공동체가 필요하다

지금까지 살펴보았듯이 사탄은 교회를 조직화하고 교회의 유기체(공동체)를 파괴하기 위해 전방위적인 전략을 사용한다. 어지간해서는 영적 공동체를 세울 수 없고 설령 세웠다 할지라도 유지하기란 참으로 힘들다. 이런 이유로 우리가 영적 공동체를 찾으려 해도 찾을 수도 없으며 설령 영적 공동체를 찾아 소속되었다 할지라고 공동체에서 유기체적 존재로 하나가 되기는 더욱 요원하다.[272)

　우리는 이 거친 세파 속에서 외로운 늑대처럼 살 수도 있고, 세쿼이아 나무처럼 서로 뿌리를 엮어 집단으로 살아갈 수도 있지만 생존을 넘어 하나님이 주신 잠재력을 온전히 이루려면 우리에게는 가족과 친구 같은 동반자들의 공동체가

태초에 공동체가 있었다

필요하다. 세상의 파괴적인 힘을 견뎌낼 수 있는 길은 협력 뿐이기 때문이다.[273]

많은 것들이 우리의 시야를 가로 막으며 교만이나 자기중심성, 탐욕의 태도 등이 하나님의 자비로운 손길을 알아보지 못하게 하는 이 시대를 우리는 살아가고 있기 때문에 우리 영혼은 공동체만이 줄 수 있는 것을 필요로 한다.[274] 성도에게 영적 공동체가 필요한 또 다른 이유들이 있다.

1) 영적 공동체는 우리의 운명이기 때문이다.

우리를 창조하신 하나님께서 성삼위 공동체적 존재이시듯이, 우리도 공동체적 존재로 설계하셨다. 이웃과 더불어 살아갈 수밖에 없는 우리는 공동체를 벗어날 수 없다. 오늘날 공동체를 거부하고 개인주의를 택했던 인류가 '자아파멸'에 처할 만큼 심각한 상황에 직면했기에 공동체로 귀환하고 있는 현상은 당연한 것이다.

2) 영적 공동체는 관계훈련의 장이기 때문이다.

인생의 핵은 관계이며 그 관계망이 공동체이기 때문에 누구나 관계훈련이 필요하다.[275] 때문에 최고 양질의 고품격 관계훈련이 제공되는 영적 공동체는 우리가 가꾸고 다듬어야 할 운명이다.

얀 존슨에 의하면, 공동체 훈련을 실천할 수 있는 방법으로 '함께 축하하기, 함께 일하기, 함께 놀기' 등이다. 그는 "이런 공동체 훈련은 우리로 하여금 항상 인종, 성, 민족, 성품 혹은 연령의 한계를 뛰어넘게 해주고, 우리가 서로 하나님 앞에서 어떤 사람인가를 늘 드러나게 한다."고 주장한다.[276]

3) 부정적 공동체로 인한 희생으로부터 서로를 보호하기 위해서

세상에는 나름의 목적을 가진 공동체들이 너무나 많다. 외로움을 해결하기 위해 모이는 공동체, 취미공동체, 또 자신들의 이익을 위해 모이는 이익집단 형태의 공동체 등이 있다. 그러나 순진한 사람들의 영혼을 고갈시키는 사이비 집단과 사교단체도 있고, 사람들을 인격체가 아닌 부품으로만 여기는 불량한 집단도 있다.

엠마 왓슨이 주연한 영화 '콜로니아는 1973년 칠레 쿠데타와 얽히게 된 젊은 부부 레나(엠마 왓슨)와 다니엘(다니엘 브륄)을 중심으로 벌어지는 스릴러영화다. 이 영화에서 엠마 왓슨은 남편을 구하기 위해 정체를 알 수 없는 사교집단 '콜로니아 디그니다드(Colonia Dignidad)'에 들어간다.

'콜로니아 디그니다드'는 파울 섀퍼라는 독일인이 칠레에

태초에 공동체가 있었다

자기 농장을 사면서 시작된 실제 사교집단이다. 이 집단의 교주인 섀퍼는 수십 명의 어린 아이들을 성폭행한 죄로 2005년 3월부터 수감 중이다.[277]

1978년 11월 18일 남미의 가이아나에서 역대 최악의 집단 자살(?) 사건이 발생했다. 사이비 종교인 피플스템플 교회 소속 신도 909명이 교주인 워런 존스의 명령에 따라 오렌지 주스에 청산가리를 타먹었다고 알려진 이 사건은 역대 최고 의 사이비 종교 집단자살사건으로 꼽히는데 이때 죽은 이들 의 1/3이 어린 아이들이었다.

이와 같이 전 세계에 만연한 사이비 종교와 이단에 속아 희생당하는 이들의 수가 상상을 초월한다.

사람들은 자아실현과 자신들의 다양한 욕망을 채우기 위해 공동체를 필요로 한다. 그러나 건강치 못한 관계로 형성 된 공동체라든가 불량한 공동체는 상처를 주고받는 또 하나 의 허약한 모임으로 전락할 가능성이 매우 높다. 자신의 이 기적 목적을 이루고자 모인 공동체 역시 공동체의 참의미는 상실한 채, 경쟁과 쟁취의 원칙만이 난무할 것이다. 우리는 부정적 공동체가 주는 다음과 같은 피해를 충분히 예상할 수 있다.

첫째, 섬김과 사랑, 격려, 그리고 영적 보호를 주고받을 기회를 상실한다.

둘째, 자기만족에 대한 열망으로 영적 관계가 주는 기쁨을 상실한다.

셋째, 영적 관계에서 창출되는 시너지를 경험하지 못하므로 영적 전쟁에서 승리하고 제자 삼으며, 하나님 나라를 확장하는 사역 등에 동참하는 감격을 누리지 못한다.

넷째, 부정적 공동체에서 특히 주도권 쟁탈과 자기들을 증명하려는 바벨탑의 욕망을 경쟁적으로 추구함으로 인해, 하나님께서 주시는 영적 공동체의 소속감을 무시한다.

선한 공동체는 사라지고, 개인주의의 희생양들인 독불장군들의 경쟁적 주도가 완연한 이 세상에서 건강한 영적 공동체는 건강치 못한 불량한 공동체가 주는 상처뿐만 아니라 세상의 파괴적인 힘으로부터 서로를 구출하고 보호할 수 있다.

4) 깊은 치유를 위해서

사회는 점점 더 황폐해지고 그들의 영적 근원들도 뿌리를 뽑히고 있다. 이러한 사회 속에서 항상 우리를 둘러싸고

있는 야만성에도 불구하고 생존할 수 있는, 그리고 그 야
만성의 희생자들을 보호할 수 있는 새로운 공동체적 삶의
형태를 형성하기 시작할 필요가 있다.[278]

가슴에 받은 상처로 영혼이 죽은 채 산산조각 난 삶을 살
아가는 이들이 사방에 널려진 이 시대에[279] 상처는 우리를 꿈
에서 쫓아내고, 우리를 무력하게 만든다. 정신심리학자 쿤켈
은 "자아 파멸에 이를 만큼 심각한 사태에 직면한 인간은 자
신을 지탱해주고 있는 것이 진실로 무엇인가를 묻게 되고,
이런 진실의 순간에 인간은 오만하거나 이기적이었던 자기
중심적 생각에서 벗어나 공동체를 위한 창조적 삶을 선택하
는 계기를 맞는다."고 했다.[280]

치유를 바라며 찾아오는 이들에게 주님의 사랑과 성도들
의 사랑으로 조제된 치료제를 제공해 줄 영적 공동체가 필요
하다. 영적 관계가 서로를 치유하고 나아가 시너지를 창출하
듯이, 영적 관계로 형성된 공동체가 영적 공동체이자 치유의
공동체가 되고 시너지를 흘려보내게 된다.

이런 공동체를 찾는 모든 사람들은 치유와 사랑을 선물로 받게
된다. 사랑이 있는 공동체에는 치유가 발생하기 때문이다.

5) 함께 변혁하고, 반격하기 위해서

> 이 세대를 본받지 말고 오직 마음을 새롭게 함으로 변화를
> 받아 하나님의 선하시고 기뻐하시고 온전한 뜻이 무엇인지
> 분별하도록 하라. - 바울

한해 한국에서 자살하는 이가 일만삼천여 명에 이른다. 말 그대로 자폭 공화국이다. 전반적으로 한국 사회는 규정과 틀이 자아성취보다 더 중요해서 이로부터 이탈하는 이는 회생 불능의 나락으로 떨어질 것이란 공포가 조성되어 있다. 악한 사회에서 자기의 정체성을 찾는 노력은 시간 낭비로 여겨질 뿐이다.

그러나 성도는 이렇게 살 이유가 없으며, 이런 세대를 후손들에게 물려주어서는 안 된다. 그럼에도 이 악한 세대 속에서, 안달인 성도들이 있다. 좀 더 편안하게, 좀 더 잘 살아보자고 안달이다. 과연 우리도 이렇게 살아야만 하는지 창조적인 대안을 찾아야 한다. 그래야 우리와 우리 자녀들이 믿음을 지키며 인격체로 살아갈 수가 있다.

① 반격하여 카운터펀치를 날리는 실천이 필요하다

내 주변의 절대 다수가 크리스천이다. 대부분이 나름의 성

경읽기, 찬양, 기도, 신앙서적읽기에 열심이다. 이를 '3R 공식'에 적용해 보면, 이분들은 정보를 받아들이고(Recording) 해석하는(Reflection) 과정에 머문다. 그렇다면 적용과 실천은(Reaction) 어떠한가?

세 가지의 실천이 있다. 수동적 실천과 능동적 실천, 또 전투적(공격적, 또는 반격적) 실천이다. 내 주변 분들의 대부분은 수동적 실천엔 꽤나 적극적이고 능동적 실천도 나름 열심이시다. 하지만 전투적 실천가들을 발견하기는 정말 어렵다. 늘 영적 전쟁을 선포하니 어쩌니 하면서도, 그 실천은 늘 수동적이다. 착하고 선하고 나이스하게 보이는 만년 서생의 형색이다.

ㄱ 수동적 실천은 정보를 계속 받아들이고 이를 해석하는 과정을 유지하는 것인데, 이는 무엇인가 능동적 실체에게 통제 당하고 있다는 의미다. 악한 시스템에서 자기만 편하게 살고자 발버둥치는 이들의 모습이다.

ㄴ 능동적 실천은 일상적 영역과 관계에서 제자의 삶으로 복음을 노출시키고 또 하나님 나라의 영향력을 전하는 행위로 모든 성도들의 당연한 삶이어야 한다.

ⓒ 공격적 실천은 사회, 경제, 정치, 문화, 교육, 예술 등
의 영역에 하나님의 사랑과 원리를 정착시키기 위해 보
다 전략적으로 연대한 실천이다. 성도는 이 공격적 실
천에 적극적이어야 한다. 이를 위해 성도가 연대하여
이 시대를 지배하는 악한 시스템에 반격할 수 있는 선
한 시스템을 만들어야 한다. 성도 개인으로는 악한 시
스템을 변화시킬 수 없기 때문이다.

교육시스템에 문제가 있다고 판단하고 대안 교육에 적극
적인 부모들이 있다. 이는 능동적 실천이다. 공격적 실천의
차원에서 보자면 오히려 학부모들이 연대하여 정부가 교육
시스템을 보다 바르게 변화시키도록 자극하고 압력을 가하
는 것이 바르다. 또 정치인들로 하여금 구시대적 악법을 없
애고 보다 선한 법을 발의하고 채택하도록 선한 압력을 행사
해야 하고 기업의 횡포에도 연대하여 맞서야 한다.

그러나 대다수의 크리스천들은 수동적 실천에만 열심이
다. 소금과 빛으로 살아야 할 크리스천이 그 어느 시대보다
절실한 이때에 자폐적 수도사형의 성도와 영적 체험주의자
가 넘쳐난다. 게다가 이런 유형의 성도를 전문적으로 양산하
는 목회자들도 넘쳐난다. 이는 모든 종교가 제 길을 벗어났
을 때 나타나는 현상이다.

종교는 썩을 수 있다. 그러나 소금과 빛이어야 하는 성도는 부패되어선 안 된다. 성도는 이 악한 시대에 반격하여, 이 시대의 문화와 시스템에 이용당하여 신음하는 이들을 구할 사명이 있기 때문이다.

성도는 정신 차리고, 반격하여 악에게 강력한 카운터펀치를 날려야 한다.

② 고지(高地) 변혁에 공격적이어야 한다

21세기 현재, 한국은 지난 반만년의 '흰옷 문화(단층 문화)'에서 형형색색의 다층 문화로 급격히 전환되고 있다. 때문에 모든 영역에서 백색과 형형색색 사이에, 또 단층문화와 다층문화 사이에 긴장과 갈등이 첨예하다. 정치적으로, 경제적으로, 문화적으로, 세대적으로 갈등이 극에 이른 상황이다.

물론 기독교계도 마찬가지다. 단층문화의 일인 독재적 리더십으로 21세기의 형형색색의 다층문화적 현장을 어떻게 해보려는 시도는 망측하다.

게다가 세상에 그 어떤 경쟁 시스템에 끼이지도 못했던 기독교계의 리더들의 '일과 돈, 세상에 대한 미성숙함'의 폐해는 악할 정도다. 이전의 일부 무지한 기독교의 리더들이 성도들을 우민화하여 성공했었지만 이제는 이 급변하는 상황에 대처 능력이 없는 리더들의 굳어진 시각과 현실감각이 전혀 없는 대안들로 성도들을 잘못 이끌고 있다.

그 중에 고지론이 있다. 같은 고지지만 세상 사람들이 오른 고지(space)와 성도가 오른 고지(place)는 달라야 한다는 것이다. 성도가 그 고지에 어떻게 올라야 하며, 또 그 고지에서 어떻게 살아야 하는지를 성경적 원리를 통해 잘 알아야 한다. 고지도 거룩한 영역이기 때문이다.

사탄은 그 누구의 저항도 받지 않고 고지에 악의 시스템을 작동시켰다. 그래서 고지 아래의 모든 이들은 악한 시스템에 의해 학대당할 뿐이다.

고지는 늘 악에게 농락당하고 있지만 이 영역을 변혁시키려는 노력조차 포기해 온 것이 인류의 역사다. 고지를 가장 빨리 포기한 집단인 교회는 고지를 부정적으로 가르쳤다. 기독교는 고지 아래에서 신음하는 이들을 섬기는 사역과 동시에 고지에서 작동하는 악한 '말라카 시스템'을 선한 아보다 시스템으로 변혁해야 한다. 교회가 세상을 치료하는 일에 노력한 그 이상으로 예방에도 적극적이어야 한다.

저 낮은 곳에서 사역하셨던 예수님은 골고다 고지에서 자신의 사역을 이루셨다. 낮은 곳을 혐오하고 저주하는 이들의 고지는 핍박과 학대와 독재로 자기 야망을 완성하는 곳이지만, 낮은 곳을 사랑하고 섬겨온 이들의 고지는 그 사랑과 섬김으로 하나님의 나라를 이루는 장(place)이다. 이런 의미에

태초에 공동체가 있었다

서 성도의 고지는 십자가가 있는 고지(苦地)이자, 골고다가 있는 고지이다. 사탄이 장악한 고지를 이 골고다가 있는 고지로 변혁시키는 일은 모든 성도와 교회가 생명을 걸고 마땅히 감당해야 할 전쟁의 길이자 십자가의 길이다. 성도는 고지를 변혁해야만 한다.

말라카 시스템

아담이 죄를 범한 이후, 인간에게 내려진 재앙 중 하나로 에덴동산(Garden)이 정글이 되어, 모든 인간은 말씀의 법칙이 아닌, 정글의 법칙으로 생존해야만 했다. 정글의 법칙은 인간에게 끝없는 노동(말라카)을 요구한다. 이용하고 이용당하고, 경쟁하고[281] 경쟁당하고, 착취하고 착취당하게 하는 일인 말라카는 말라카 시스템을 만든다.

하나님의 통치를 거부하는 '하나님 없는 시스템(Godless system)'은 비록 최고의 경제적 안정과 성장을 보장해 준다고 할지라도, 모두 악한 시스템이다. 정부도, 학교도, 경제도, 문화도 다 악의 시스템일 수 있다. 그리고 사람들은 생존을 위해 또는 다른 활동을 위해 악한 시스템에 속해, 이용하고 이용당하면서, 결국은 시스템의 희생양이 된다.[282]

바르지 못한 시스템에 반격하지 않는 삶은 데워지는 주전자 속의 개구리처럼 죽어만 가는 삶이다. 반격하라. 일상의 모든 영역에서 우리를 머물게 하는 모든 기존 구습과 문화를 맞받아 쳐라. 이 세대를 반격하는 삶은 아름답다.

기도와 독서, 착한 시민, 세련된 문화 등으로 도피하거나 외면하지 마라. 이런 삶은 하나님을 망령되이 하는 악(evil)의 삶으로, 개구리처럼 안락한 죽음을 즐기는 바보짓이다. 우리를 이 세대에 순응케 하는 모든 것에 반격하라. 반격은 삶(live)을, 사랑을, 사명을, 사역을 위한 필수이다.

성도는 영적 공동체로 모여 연대하여야 그 시너지로 반격할 수 있다.

6) 영적 성숙을 위해서

아버지와의 영적관계는 단절하고 의무만 행한 큰아들처럼(눅15:25~32) 성도들이 조직에 의무만 행함으로써 유지되는 교회들이 적지 않다. 이 경우 성도들 사이에 영적 관계 형성을 기대할 수 없다. 영적 관계가 형성이 안 된 공동체에서는 이 공동체에 속한 성도들의 영적 성숙을 기대할 수 없다.

영적 공동체는 성도의 영적 성숙이 배양되는 장이다. 교회가 그동안 상실하였던 영적 공동체의 본질을 회복하면, 교회는 성도들의 영적 성숙이 이루어지는 장이 된다.

① 영적 성숙은 일평생의 영적 여정이다

다메섹 도상은 사울의 삶에 대전환이 일어났던 영적 체험의 장소다(행9:1~9). 그러나 사울이 바울이 된 후, 그가 그곳에 다시 갔다는 기록은 성경 어디에도 없다. 바울은 자신의 영적 체험을 영적 체험주의화하지 않고 영적 여정의 출발점으로 삼았다. 영적 여정은 영적 성숙의 길이요 좁은 길이며, 십자가의 길이다.

신앙의 길은 일평생 하나님을 향해 걸어가는 영적 여정이다. 교회공동체는 이 영적 여정을 함께 하며 그리스도의 몸을 이루는 유기체이다. 영적 여정은 성도와 공동체가 영적으로 성숙될 때 지속될 수 있다.

② 공동체에서 서로에게 상합하는 것이 성숙할 수 있는 길이다[283]

성숙은 '상대에게 기꺼이 순종할 때 발산되는 축복이지, 자기 혼자 영적 펀치력을 길렀다고 되는 것이 아니다. 서로 복종하는 관계에서는 서로가 성숙할 수 있고, 이 관계가 성도를 넘어 이웃으로 확장되면 그 결과가 사역이다. 이런 의미에서 "성숙은… 언제나 관계적이다"고 한 유진 피터슨의 주장은 결국 성숙은 공동체적이란 말이다.[284]

7) 지상 명령을 성취하기 위해서

주님은 제자를 파송하실 때 홀로 보내시지 않으셨다. 둘 이상의 공동체로 파송하셨다. 사역은 영적 전쟁이고, 이 싸움을 이길 수 있는 힘은 주께서 영적 공동체를 통해 흘려보내시는 권능이다. 영적 전쟁의 승리가 모든 그리스도에게 부여된 지상명령(마28:18~20)의 완수이자, 영적 공동체의 최종 목적이다.

272) 이런 이유로 우리가 "정신을 바짝 차리고 하나님의 자비를 알 때에만 함께 공동체가 되어 가는 것을 배울 수 있다."(마르바 던, 「희열의 공동체,」99.)

273) 피터 로드, 177.

274) 래리 크렙, 끊어진 관계 다시 잇기, 18.

275) 관계훈련의 필독서로서 저자의 졸저 「태초에 관계가 있었다」를 추천한다. 이 책은 건강과 성공과 행복의 85%를 차지하는 성숙한 관계에 대해 심도있게 다루고 있다. 건강하고 성숙한 공동체로서의 가정과 사업 그리고 교회에 관심이 있는 모든 분들에게 정독을 권한다.

276) 얀 존슨, 공동체와 복종, 17.

277) 칠레법정은 지난해 섀퍼가 27명의 어린이를 성폭행한 사실을 인정했다. 이 집단은 독일에서 발생한 종교집단으로 제2차세계대전 이후에는 독일에서는 거의 없어진 종파이다. 이번 사태가 터지자 '콜로니아 디그니다드' 라는 이름을 바꿔 '비야 바비에라(바이에른의 길)'이라고 명칭을 바꿨다. 현재도 교리를 따르는 300여 명의 독일인이 시설에서 거주하고 있다. (노컷 뉴스)
http://media.daum.net/foreign/america/newsview?newsid= 20051229120407077

278) 위와 동일.

279) 존 엘드리지, 144.

280) 윤석철, 146,

281) 경쟁사회 속에서 성도로 바로 서는 것은 정말 어렵다. 사업에 성경적인 원칙들을 적용하고 정직한 사업가가 되는 것은 더 어렵다. 양심을 지키면서 양심이 없는 이들과 경쟁해야 하기 때문이다. (잭 맥도날드)

282) Harry Kim, 「크리스천 사업가와 BAM」 22.

283) "영적 성숙은 그리스도의 몸인 그의 교회 안에서 우리가 서로 관계를 맺을 때 주어진다."(론 니콜라스, 「소그룹 운동과 교회 성장」 16.)

284) 유진 피터슨, 「부활을 살라」 356.

제7장

영적 공동체에
헌신하기

헌신을 위해서는 자신에게서 벗어나 다른 사람들과의 관계에 몰입해야 한다. 그러나 이것은 결단코 쉽지 않다. 다른 사람들과 맺는 관계에, 그리고 공동체에 헌신하기 위해서는 시간과 희생이 필요하며 실패를 견뎌낼 수 있는 인내심이 있어야 하기 때문이다.[285] – W. 크로린

1) 공동체와 함께하기

21세기는 점점 '외로움에 익숙한 사회'가 되고 있고[286] 이 속에서 개인은 더욱 깊어지는 고립과 소외에 직면하고 있다.[287] 고립과 소외는 관계 파괴의 결과로, 병적인 개인주의를 양산했으며, 개인주의는 서로가 하나 되고자 하는 노력은

태초에 공동체가 있었다

외면한 채, 서로를 모르고자 하는 발버둥으로 일관해 왔다. 개인 스스로는 타인과 결속을 이룰 수 없는 비극적 상황에 이르렀다. 무엇인가 강력한 힘의 개입이 있어야만 개인은 영적 관계를 형성하고 공동체(유기체)적 존재가 될 수 있는 상황이다.[288]

그리스도로 말미암아 구원받은 우리들이 영적으로 하나가 될 수 있는 길은 성령의 강력한 역사 뿐이다. 성령의 임재만이 우리를 하나 되게 하고, 영적 일치를 이루게 한다. 이렇게 모인 공동체가 성령의 공동체이다. 성령의 공동체와 함께 하는 것이 하나님의 뜻이다.

2) 공동체에 헌신하기

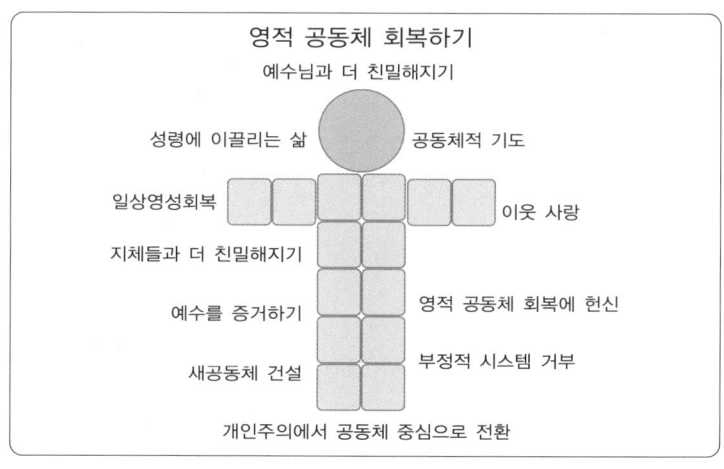

그림 7

순종 없는 믿음이 없듯이 성도의 헌신 없이는 영적 공동체가 존재할 수 없다. 영적 공동체를 파괴하는 원인들을 제거하여 영적 공동체가 파괴된 교회를 회복할 뿐만 아니라 영적 공동체를 상실한 성도들이 영적 공동체를 되찾기 위해서는 무엇보다도 성도들의 헌신이 필요하다.

성도들이 영적 공동체에 헌신해야 하는 다음과 같은 이유가 있다.

① 예수님의 명령이다

제자들의 사명은 예수께서 세우셨던 '새로운 대안적 공동체'를 세우고, 확장하는 것이다. 이 가능성은 최초의 성령 공동체인 '초대교회공동체'에서 확인된다(행2:42~47). 예수님은 '새로운 대안적 공동체' 안에서 제자들을 양육하시고 파송하시면서 '새로운 대안적 공동체'를 세우고 확산시키라고 명하셨다. 제자삼기는 공동체의 확장을 의미한다는 점에서 지상명령(마28:18~20)은 역사상 유일한 새로운 대안적 공동체를 세우고 확장하라는 대명령이다.

② 영적 거점 제공을 위해서이다(눅 10:5~9)

영적 거점은 하나님의 사역이 이루어지는 토대를 제공하는 처소이다. 예수께서 영적 거점을 활용하셔서 치유와 선포

태초에 공동체가 있었다

를 통하여 하나님의 나라를 전하신 것은 신약 성경의 도처에서 확인할 수 있다(마4:12~13; 막1:29~31, 8:11~9:50; 요 11:1~57, 13:1 이하).

영적 거점은 주로 기존에 있는 영적 공동체를 활용한다. 활용 방법은 바울을 비롯하여(행13:1~3, 15:35, 16:12~14, 18:1~4, 11, 19:1~9) 2,000년이 지난 지금까지 선교와 사역의 현장에서 주의 제자들에 의해 가장 많이 사용되는, 가장 효과적인 사역 방법 중 하나이다.[289]

우수한 환대가 제공되는 곳은 치유가 확산되는 처소이다. 영적 공동체가 주의 사역자들에게 우수한 환대를 제공하는 것은 예수께 거점을 제공해 드리는 것과 같다.

③ 이 땅에서의 축복인 평안과 기쁨을 누리기 위해서이다

평안은 하나님과의 관계가 성숙되었을 때 발산되고, 기쁨은 성도와의 관계가 성숙되었을 때 발산된다. 평안과 기쁨은 관계의 축복인 것이다. 평안과 기쁨은 타락하기 전 아담과 하와가 에덴동산에서 누렸던 축복으로 이 땅을 살아가는 누구라도 영적 공동체 안에서 누릴 수 있는 축복이기도 하다. 성도는 공동체에 헌신함으로 이 축복을 누려야 한다.

3) 공동체에 어떻게 헌신할 것인가?

① 먼저 공동체적 기도를 해야 한다

10여 년 전 중국에서의 일이다. 90평생, 수천 개의 가정교회를 세우셨다는 한 어르신을 뵌 적이 있다. 그 깊이 주름진 얼굴에 스며있는 덤덤한 여유와 소박한 미소 앞에, 거장을 만난다는 긴장감은 이내 사라졌다. 아주 짧은 몇 마디를 나누는 동안, 이분 안에 내재된 어린아이 같은 천진난만함과 전신에 스민 겸손, 그리고 특이함이 전혀 없는 온화함 등이 자연스럽게 발산되면서 이분은 탁월한 사역자 이전에 평생 깊은 기도로 하나님과 대화해 오신 분임을 자연스럽게 확인할 수 있었다.

그 즈음에 또 한 사람, 기도사역을 한다며 중원 십만 리를 바쁘게 오가던 한 사역자를 만났다. 헌데 그 굳어진 표정과 핏발 선 눈빛, 그의 내공으로서는 결코 감출 수 없는 영적 체험주의자의 낌새, 그리고 '이 깊은 기도의 세계를 모르는 이들은 참으로 불쌍한 영혼이다'란 말을 아끼지 않는… 그러면서 '자신이야말로 진정한 기도의 대가임을 애써 밝히려 발버둥을 치는 그 경망스러움'을 보면서, 난 황급히 그 자리를 떠났다.

> "우리의 기도의 세월이 제 아무리 길었다 해도, 우리는 모두 기도의 풋내기이다." - 토머스 머튼

태초에 공동체가 있었다

길이 잘 든 연장은 일꾼을 편하게 하고, 성숙한 사람은 상대와 주변을 편하게 하고, 기도의 사람은 하나님과 교회공동체를 편안하게 한다. 기도는 하나님과의 대화이자, 하나님과 친밀한 관계를 늘 확인하는 영적 작업이고, 나와 공동체의 공간에서 하나님께서 늘 임재하심을 체험하고 확인하는 것이다. 우리가 어떤 상황에 처해 있을지라도 기도함으로 우리는 늘 정결하게 하나님께 나아갈 수 있으며, '서로 섬기고 사랑하며' 공동체를 세우고 확장시키며 또 다른 공동체를 건설할 수 있다.

지체들은 기도를 통해 다음과 같은 사역적 공동체를 이루게 된다.

ㄱ 기도는 성도를 정화시킨다.

기도는 성도의 생각을 정화시켜서 하나님께 합당한 마음을 갖게 한다. 성도 안에 있는 모든 나의 생각들은 영적으로 전부 불순물들이다. 성도는 원죄덩어리이기 때문이다. 그런 것들을 하나님께 기도함으로 말미암아 점점 더 정화시킬 수 있다. 기도를 통해 자체 정화가 일어나면서 하나님의 뜻을 선명하게 분별할 수 있게 된다.

ⓛ 기도는 성도를 영적인 존재가 되게 한다.

우리가 주님을 위해 '무엇이 된다', '무엇을 한다' 이전
에 마음을 청결히 해야한다. 그래야 성도의 마음이 정
화되어 영적인 존재가 된다.

ⓒ 기도는 성도를 성령에 이끌리게 한다.

성도가 성령에 이끌리지 않고서는 공동체적 일치에 이
를 수 없다. 주님께서 승천하시면서 제자들에게 "예루
살렘을 떠나지 말고 내게 들은 바 아버지의 약속하신
것을 기다리라."(행1:4)고 명하셨다. 이에 순종한 제자
들은 모여 기도했고(행1:13~14), 이들이 오순절에 다락
방에 모여 기도할 때 성령이 임하였다.

ⓔ 기도는 성도를 영적 일치(영성으로 하나됨)에 이르게
한다.

일심으로 하나 되어 기도하는 공동체는 '영성으로 하나
됨(Unit in Spritualty)'에 이르게 된다. 오순절 다락방
에 모여 기도하여 성령으로 충만해진 성도들은 늘 기도
하기를 힘쓰면서(행2:42), 담대히 예수의 부활을 증거
했다. 이로 인해 박해당하는 사도들을 위해 일심으로
기도하면서 성령 충만을 경험하며(행4:31) 영적 일치에

태초에 공동체가 있었다

이르게 되었다. 공동체의 기도는 공동체를 영적으로 일치시킨다.

ⓜ 기도는 영적 시너지인 하나님의 능력을 발생시킨다.

공동체는 기도를 통해서 확장되는데 '확장된다'는 말은 '커진다' 이전에 '기능을 잘 한다'가 선행되어야 한다. 1,000명이 모이면 외형적으로는 1,000명이 모이는 공동체이지만 그들이 유기적으로 기능하지 않으면 공동체는 1,000명이라는 개인들이 모인 조직일 뿐이다. 적은 인원이 모인 공동체라 할지라도 하나님의 말에 순종하여 영적 공동체가 기능을 잘 감당하게 되면 건강한 유기체가 된다. 건강한 유기체는 확장된다. 여기서 기능이 잘 되는 현상은 영적 일치가 잘 이루어져 그 시너지가 창출되고 있음을 말한다. 살아있는 것들은 성장하며 번식한다.

ⓗ 기도는 사역 공동체를 이루게 한다.

기도함으로 영적 관계와 영적 연합이 형성되면, 하나님의 능력이 흐르고 이 힘으로 공동체는 하나님께서 명하신 일에 헌신하게 된다. 결국 기도는 공동체를 사역화한다.

```
┌─────────────────────────────────────────────────────────┐
│                    1. 영적 정화                           │
│         개  인     2. 영적인 존재가 됨                    │
│                    3. 성령에 이끌림                       │
│  기 도  ⇨   ⇨   ⇨   ⇨   ⇨   ⇨   ⇨   ⇨                  │
│                    4. 영성으로 하나가 됨                  │
│         공동체     5. 영적 시너지인 하나님의 능력이 발생함 │
│                    6. 사역 공동체가 됨                    │
└─────────────────────────────────────────────────────────┘
```

그림 8

② 영적 공동체를 회복해야 한다

성도가 영적 공동체를 되찾는 것은 에덴동산을 회복하는 것과 같은 사역이다. 성도는 영적 공동체를 되찾아 샬롬을 누려야 한다. 만약 교회를 떠나 있는 성도라면 교회공동체로 돌아가야 한다. 과거에 다니던 교회로 돌아갈 수도 있고, 새로운 교회를 찾아갈 수도 있다. 교회공동체에는 성도에게 샬롬을 제공해 줄 예비된 처소가 반드시 있다.[290]

③ 일상영성과 영적 야성을 회복해야 한다

기독교 공동체(교회, 선교단체, 크리스천 회사 등)의 그 구성원 중 기독교인이 30%가 넘으면 일상영성과 영적 야성을 잃는다고 한다. 더 나아가 기독교 공동체(단체)에 너무 많은 성도들이 있으면 "그들의 마음은 더욱 협소해져서 자신과 자신의 의견에만 집중하게 되고 논쟁과 변론만 일삼는 경향이 있

태초에 공동체가 있었다

다."고 한다.[291)]

오늘날 교회가 영적 공동체성을 상실한 것은 교회 내에 소위 새로운 인물들의 유입이 과거 그 어느 때보다도 적어진 것이 그 원인이다. 이런 의미에서 성도 개인적으로도 일상영성과 영적 야성을 상실하면 영혼 구원에 관심을 잃게 되고, 또 영혼 구원에 헌신하지 않으면 일상영성과 영적 야성을 상실한다.

일상영성과 영적 야성을 상실하면 게으름 또는 바쁨, 열등감 또는 우월감, 개인주의, 소비주의, 상대주의, 경쟁주의 또여러 관계들로부터 내적 상처, 비영적인 것에 대한 집착(예를 들어, 과도한 취미 생활) 등의 늪에 빠지는데 이는 결국 사탄에게 지배당하고 있는 것이다. 사탄에게 지배당하면서 하나님이 원하시는 일들에 몰입할 수는 없으며 무엇보다도 먼저 공동체와 사역에 전적으로 헌신할 수 없다.

성도는 잃어버린 일상영성과 영적 야성을 되찾아야 한다. 자신의 내적 부흥을 일으켜야 한다. 그리고 이 부흥이 교회 공동체로 확산되어야 한다,

④ 성도를 좌절케 하는 비본질적 교회와 교회 내의 부정적 시스템들을 거부해야 한다

영적 공동체는 공동체 내부의 모든 시스템들이 매우 건강

하게 작동되는 결과이다. 그러므로 영적 공동체에 속한 성도들에게는 공동체를 파괴하는 비본질적인 교회와 부정적인 시스템에 저항해 이길 수 있는 저항능력이 있다. 성도는 누구라도 자신들을 좌절케 하는 비본질적 교회와 교회 내의 부정적 시스템들을 거부해야 한다.

⑤ 하나님을 사랑하고 이웃을 자신의 몸처럼 사랑해야 한다(막12:31~32)

"사랑은 관계들을 수립하고, 사랑은 관계들을 유지하며, 사랑은 관계들을 성취하며, 사랑은 관계들을 주도한다."는 말처럼[292] 모든 성도들은 예수 그리스도를 통해 구체화된 하나님의 아가페 사랑으로 하나님과 이웃을 사랑해야 한다. 영적 공동체는 아가페 사랑이신 예수 그리스도를 중심으로 모여 아가페 사랑으로 섬기고 함께 하는 공동체이다. 이 사랑을 공동체 외부로 흘려보내, 이웃을 사랑으로 구속하는 공동체가 되어야 한다.

⑥ 개인주의에서 공동체 중심으로 전환해야 한다.

> 공동체란 모든 사람이, 아니 좀더 현실적으로 보아 대다수
> 가 자기중심이라는 그늘에서 빠져나와 참된 사람의 빛 속
> 으로 들어가는 장소이다.[293] - 장 바니에

태초에 공동체가 있었다

21세기는 고립과 반항으로 특징되는 개인주의로 중독되어 진정한 공동체는 없고 독불장군들만 가득한 세상이 되었다. 독불장군들은 사회와 공동체의 기생충이자 암이다.[2942] 폴 브랜드는 이를 잘 설명하고 있다.

인체의 군대인 백혈구는 침입자들에 대항하여 인체를 지킨다고 한다. 몸에 상처가 생기면 이 세포들은 일정한 목표 없이 떠돌아다니기를 급히 중단하고 사방에서 전투 현장으로 몰려온다. 이들은 마치 후각이라도 지닌 것처럼, 최단 거리의 조직을 통해 서둘러 몰려온다. 현장에 도착한 이 세포들은 상당수가 자기 목숨을 바쳐 박테리아를 죽인다. 그들은 자기들의 임무를 정해 주는 더 큰 유기체의 안녕에 자기 자신을 부속시킨다. 세포가 만약 그 충성의 자세를 상실하고 자기 목숨 부지하는 데 매달릴 경우, 이 세포는 몸이 누리는 혜택을 같이 누리되 암이라고 하는 라이벌 유기체를 생성한다.[295]

개인주의적인 세상 문화가 크리스천들의 삶을 물들인 지 오래다. "심지어 '우리'를 강조하는 성경 말씀을 읽으면서도 우리는 '나'만을 생각한다."[296]

개인주의는 서부유럽과 북미에 암울한 그림자를 드리고

있을 뿐 아니라 이젠 완연한 서구화에 이른 한국과 일본, 대만 그리고 중국의 서부 지역을 지배하고 있는 실정이다. "개인주의는 다른 사람들의 생각을 거부하고 오직 자신의 생각만을 주장하며, 소위 영성이라는 이름으로 내면을 성찰하고 표현하는데 치중한다."[297] 우리는 이 개인주의를 경계해야 한다.

얀 존슨은 '자기 중심'과 '공동체 중심'을 다음과 같이 비교하고 있다.[298]

표 4

자기 중심	공동체 중심
대접받기를 원함	자신을 종으로 봄
자기 뜻대로 하기 원함	모든 사람의 종이 되기를 선택함
자신이 다른 사람보다 더 많이 안다고 생각함	다른 사람을 섬기는 것을 최우선 동기로 삼음
자신이 가장 잘 안다고 생각하기 때문에 밀어붙임	자기 자신을 포기함
다른 사람들을 돌아보지 않음	자원해서 자기를 희생함
권세를 행사하는 자리에 집착함	사람들의 눈에 띄는 것에 별 관심이 없음
죄책감과 조작을 통해 자신의 길을 고집함	다른 사람의 개성과 아이디어를 존중함
사랑한 대가로 사랑받기를 바람	아무런 조건 없이 다른 사람을 사랑함
자기를 위해 권력을 추구함	권력을 내놓음
감사와 보상을 바람	자신의 선행을 돌아보지 않음

태초에 공동체가 있었다

⑦ 예수님과 더 친밀해야 한다

친밀감은 관계의 거리감에 반비례하고 서로 아는 정도에 비례한다. 가까이 있으면서 오랫동안 더 많이 알수록, 전인격을 나누는 친밀함을 나눌 수 있다. 참되고 성숙한 신앙은 예수 그리스도와 나누는 생생하고도 일상적인 관계, 즉 예수님과의 친밀함에서 시작한다. 친밀함은 알고, 이해하고, 체험할 때 생겨난다. 예수님과의 친밀함을 위해서는 예수님을 알고, 이해하고, 체험해야 한다. 예수님과의 친밀감 형성 단계는 다음과 같다.

첫째, 성경을 읽어서 예수를 알아야 한다.
둘째, 성경을 공부하여 예수를 이해해야 한다.
셋째, 성경 말씀에 순종함으로 예수를 체험해야 한다.

성경을 읽어서 예수를 안다는 것은 성경을 통해 자신이 알게 된 그분의 말씀에 순종함으로 예수를 체험하는 것이다.[299]

⑧ 성도들과 더불어 공동체적으로 더 친밀해짐을 경험해야 한다

예수님과의 친밀감 형성과 더불어 성도들과의 친밀감 형성 또한 영적 관계 형성에 있어서 필수적이다. 다음은 소그

룹 사역의 전문가인 빌 도나휴와 루스 로빈슨의 공동체적 친
밀감 형성에 매우 유용한 네 가지 제안인데[300] 필자가 간단한
설명을 추가하였다.

　　⊙ 자기의 내면세계를 드러내기. 공동체에서 '자신의 내
　　　면을 드러내기 단계'를 통과하는 일이 가장 어렵고도
　　　중요하다. 타인에게 자신을 드러내는 객체적 방법과 주
　　　체적 방법이 있다. 객체적 방법은 일을 중심으로 한 사
　　　무적 또는 목적론적이라면 주체적 방법은 존재론적이
　　　고 관계적이다. 예를 들어 "내 이름은 아무개이고 직업
　　　은 OO입니다."라고 말하는 것은 자신의 객체를 알리는
　　　것이다. 단지 명함을 공개하는 수준이다. 이 경우 사무
　　　적, 사업적 동업자 관계는 형성될 수 있으나, 친밀한 관
　　　계로 발전될 가능성은 거의 없다.
　　　주체적 방법은 자신의 내면세계인 자신이 처해 있는 상
　　　황과 심리, 즉 자신의 주체를 밝히는 것이다. 자신의 주
　　　체를 밝히면서 친밀 관계가 형성되기 시작한다. 자신의
　　　주체를 다음처럼 들러낼 수 있다.

　　　　　"나는 돈에 대한 집착이 너무 강합니다."
　　　　　"나는 사업 실패 후 2년 동안 그 충격을 벗어나지 못하고

태초에 공동체가 있었다

있습니다."

"두 달 전 퇴직을 당했는데, 이 사실을 아내에게 숨기고 있습니다.

"제 남편(아내)이 가출했습니다."

"나는 술중독에 빠진 이혼남입니다."

"나는 절교를 당했네요."

"난 오랫동안 불면증에 시달리고 있습니다."

"딸이 혼전 임신을 했습니다."

"나는 우울증이 심합니다."

"난 영적 체험을 하고 있는데 남들이 이해를 못하네요."

교회의 미래는 교회가 진정한 공동체를 발전시키는가, 그렇지 못한가에 달려 있다. 성도가 자신의 객관적인 자아만 공개하고 주관적 자아를 감추려는 가면을 벗어 버려야 한다. "서로에게 속해 있다는 소속감을 느끼지 않는다면, 지금은 약동하는 교회라고 해도 얼마 가지 않아 무기력한 교회로"[301] 변질될 것이다. 즉, 공동체(유기체)가 사라진, 조직으로서의 교회로 전락하고 말 것이란 말이다.[302]

다른 이들에게 자신의 부족함을 인정하고 자신의 주체를 털어놓을 때 주님과 다른 이들로부터 도움을 받을 수 있다.[303] 서로의 주체를 드러내고, 그 주체들을 인정하고 받아드릴 때 서로가 서로에게 개방적 존재가 된다. 서로의 주체가 소중히 여겨지고 그 주체로 섬김을 주고받을 때 하나님의 은혜와 함께 친밀감을 경험한다. 이어 영적 관계가 형성되고, 더 나아가 영적 공동체로 발전된다.[304]

ⓛ 섬김으로 서로에게 겸손하기. 예수가 이 땅에 오신 목적은 추상적 언어인 아가페 사랑을 '섬김'이라는 구체적인 행동의 언어로 보여 주시기 위해서였다(막 10:42~45). 섬김은 성도가 이웃에게 하나님의 사랑과 복음을 효과적으로 노출할 수 있는 사역, 그 자체다. 이런 이유로 많은 영적 지도자들은 섬김과 섬김의 유익에 대해 깊은 관심을 가지고 연구했다. 그 중 한 사람인 탐 알렌 목회자는 '영적 성장의 장애물들'에서 섬김이 우리에게 주는 유익 세가지를 제시한다. 첫째, 섬김은 우리를 겸손케 하며(요13:12~17), 둘째, 섬김은 주님을 의지하게 하고(행4:23, 24, 29), 셋째, 섬김은 우리를 충만하게 한다(벧전4:16, 19).[305]

ⓒ 자신들이 처해 있는 상황에 대한 성경의 교훈을 말하

기. 공동체 안에서 발생한 상황들을 대처하는 효과적인 방법은 직면이다. 직면의 목적은 "서로가 돌아보아 사랑과 선행을 격려하는"것이다(히10:24).

브리그스에 의하면 "서로가 돌아보아 사랑과 선행을 격려하며"에 해당하는 영어 성경의 직역은 "사랑과 선행에 박차를 가하며"이다. '박차'는 승마용 구두의 뒤축에 달아놓은 쇠로 만든 톱니 모양의 물건으로 말에게 충격을 주어 말을 더 빨리 달리게 하거나 원하는 방향으로 말을 달리게 할 때 사용한다.

> 누군가 우리에게 박차를 가했을 때 우리의 마음은 편하지 않지만, 그 아픔은 우리가 삶의 옳은 방향으로 달리도록 하는 원동력이 된다. 직면은 한 공동체의 일원인 우리가 꼭 해야 할 일이다. 우리는 서로에게 나단 선지자가 되어 주어야 한다. 누군가 당신에게 따끔한 경고를 줄 때 당신은 그 경고를 사랑으로 받아들이고, 다윗이 그랬던 것처럼 변하겠다는 마음을 품어야 한다.[306)]

ㄹ 서로를 인정하여 격려하기. 예수께서 우리를 있는 모습 그대로 인정하셨듯이, 성도들도 서로를 있는 모습 그대로

인정하고, 더 나아가 격려하고 축복해야 한다. 이는 영적 전염성이 있어 성도와 공동체를 변화시킨다.[307]

⑨ 성령에 이끌리는 삶을 살아야 한다

예수님은 승천 후에 제자들에게 성령의 위로와 권능이 있을 것을 약속하셨다(막1:8, 10, 12, 요14:12~17). 사도행전에 의하면 제자들은 성령의 역사를 매우 구체적으로 경험했다.

㉠ 제자들은 먼저 성령임재를 경험했다. 하나님의 계획에 따라 가장 적절한 시간에 가장 적절한 장소에 가장 적절한 사람들에게 성령이 임했다(행2:1~13).

㉡ 제자들은 성령 충만을 경험했다. 가시적으로 임하기도 하고 비가시적으로 임하기도 하는 이 성령의 임재 상황에서 사람들은 성령을 충만히 받았다(행2:4).[308] 성령충만은 그리스도 안에서 거하는 체험을 의미하며(롬8:9) "우리가 자발적으로 성령님께 우리의 전인격을 소유하고 통제하시도록 맡겨드리고 주님의 주권 아래 우리 전인격을 드릴 때, 우리는 성령의 충만함을 받는다."[309] 성도들이 성령에 충만할 때 그 공동체는 영적 관계로 하나가 된다(행4:31 이하).

태초에 공동체가 있었다

ⓒ 성령에 취하는 이들이 있었다. 그 모습이 마치 술 취한 모습으로 보여, 성령에 취한 이들이 새 술에 취했다는 조롱을 받기도 했다(행2:13).

ⓔ 성령에 사로잡힌 이들이 있었다. 성령은 우리를 사로 잡아 예수님을 따르게 하고, 그 분의 명령에 순종하도 록 인도하신다. 성령임재의 궁극적인 목적은 우리를 사 역화하는데 있다. 하나님께서는 성령에 사로잡힌 제자 들에게 권능을 부여하여 당신의 일인 사역을 감당하게 하신다.

예수께서는 "성령에게 이끌리어"(마4:1), 또 "성령의 충 만함을 입어⋯ 성령에 이끌리시어"(눅4:1)[310] 사역을 하 셨다. 이렇듯 영적 성도들은 성령 안에서 성령에 이끌리 고 또 성령에 충만한 삶을 살아야 한다.

⑩ 부활하신 예수를 전하는 일에 하나가 되어 헌신해야 한다
예수께서 승천하신 후, 리더가 된 베드로는 예수를 배신한 유다의 자리를 대신할 사도를 세울 것을 제안하며, 그 자격 세 가지를 공표했다(행1:21). 첫째는 '체험성'으로 예수의 전 지상 사역을 동행하며 체험했어야 한다. 둘째는 '공동체성'

으로 예수의 지상 사역기간 동안 함께 공동체를 경험했어야 한다. 셋째는 '증거성'으로 사도들과 더불어 예수의 부활을 증거할 수 있어야 한다.

사도는 영적 직책이다. 그러나 체험성과 공동체성과 증거성이 다 포함되는 사도성은 모든 성도가 소유한 사도성이기도 하다. 이 사도성을 지닌 성도의 궁극적인 사명은 부활하신 예수 그리스도를 전하는 것이다.[311]

영적 공동체의 궁극적인 사명 역시 부활하신 예수를 증거하는 것이다. 공동체와 개인의 영적 성숙의 결과가 예수 그리스도의 부활을 증거하는 것과 무관하다면, 영적 성숙과는 무관한 것이다. 영적 공동체는 그리스도의 부활의 증인들로 하나 된 공동체이다. 성도라면 예수 그리스도의 부활을 전하는데 전적으로 헌신해야 한다.

⑪ 영적 공동체 건설에 헌신해야 한다

성부와 성자와 성령 공동체로 존재하시는 하나님께서 아담과 하와의 가정공동체를 세우셔서 아담과 하와가 평생 전담해야 할 세 가지 일을 맡기셨다. 그 중 하나가 '공동체 건설'이다.[312] 하나님께서는 아담과 하와를 "공동체를 세우고, 공동체를 체험하고, 생육하고 번성하여 땅에 충만함으로써 공동체를 확장하도록 설계"하셨다.[313]

태초에 공동체가 있었다

하나님께서는 모든 성도를 공동체 건설에 최적화된 존재로 만드셨기에 성도들에게는 공동체를 건설할 수 있는 지혜와 명철과 리더십이 있다. 너무 오랫동안 공동체를 잊고 살아온 관계로 성도들이 정신을 바짝 차리고 하나님의 자비를 알 때만이 함께 공동체가 되어 가는 것을 배울 수 있지만[314] 공동체를 거부하든, 공동체라는 개념을 모르고 있든 공동체는 하나님의 백성인 성도들에 의해 건설된다는 사실이다.[315] 성도들은 교회공동체 건설에 전적으로 헌신해야 한다.[316]

영적 공동체는 하나님의 자비로운 손길을 더 유심히 살피도록 상기시키고 거기에 더욱 충실히 응답하도록 도움으로써 성도의 희열을 회복시켜 준다.[317]

그러므로 영적 공동체의 성도들은 하나님이 성도를 초대하신 잔치마당인 공동체에서 '성령과 더불어 다함께 춤을 추면서' 하나님의 목적이 완성되는 즐거움에 참예하는 것이다.[318]

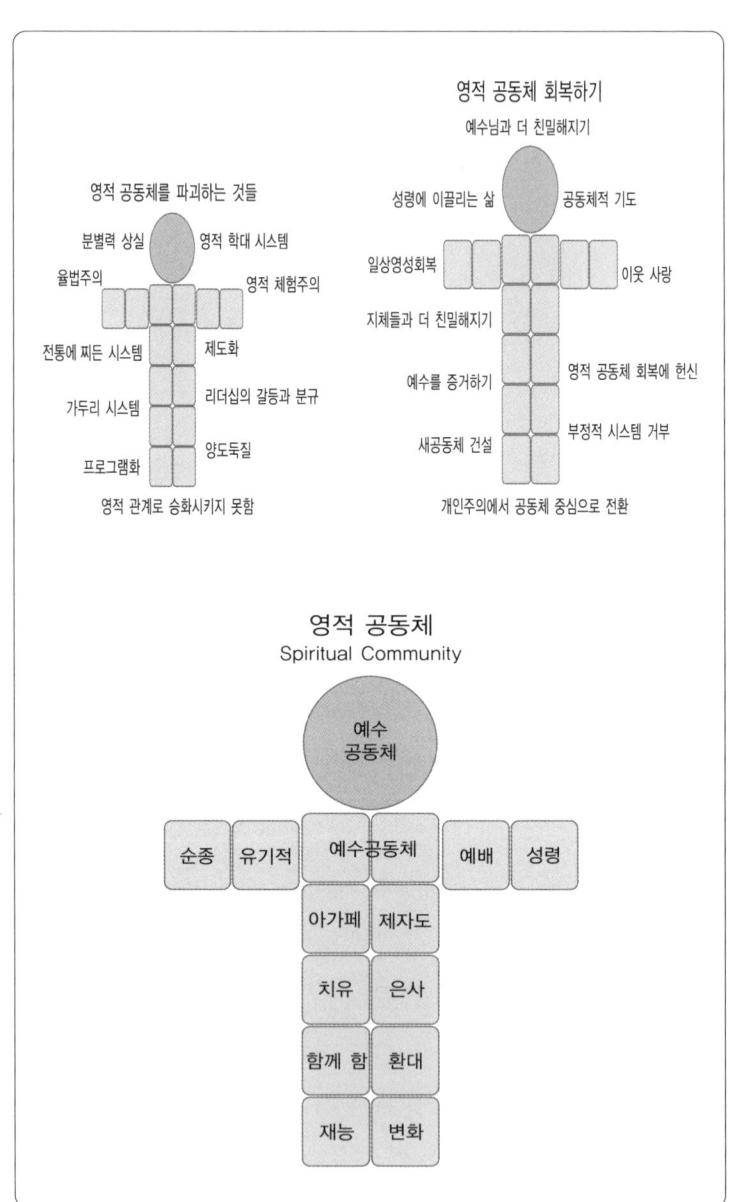

영적 공동체를 파괴하는 것들

분별력 상실　영적 학대 시스템

율법주의　영적 체험주의

전통에 찌든 시스템　제도화

가두리 시스템　리더십의 갈등과 분규

프로그램화　양도둑질

영적 관계로 승화시키지 못함

영적 공동체 회복하기

예수님과 더 친밀해지기

성령에 이끌리는 삶　공동체적 기도

일상영성회복　이웃 사랑

지체들과 더 친밀해지기

예수를 증거하기　영적 공동체 회복에 헌신

새공동체 건설　부정적 시스템 거부

개인주의에서 공동체 중심으로 전환

영적 공동체
Spiritual Community

예수
공동체

순종　유기적　예수공동체　예배　성령

아가페　제자도

치유　은사

함께 함　환대

재능　변화

태초에 공동체가 있었다

주 석

285) 존 W. 크로린, 27~28.
286) 린다 그래튼은 고립의 요인으로서 '세계의 도시화', '글로벌 이주의 증
     가', '에너지 가격의 상승', '행복이 사라진 사회', '사회적 불신 증가',
     '행복감의 감소', '수동적인 여가활동의 증가' 등을 들고 있다. (린다 그
     래튼, 89~116.)
287) 위의 책, 89.
288) 이는 아담과 하와가 타락하여, 그 최초의 영적 공동체성이 파괴된 이래
     로 계속되어 온 인류의 비극이다.
289) 김기영, 54.
290) 탐 알렌, 49.
291) 로버트 프레이저, 151.
292) 오스카 톰슨, 「관계 중심 전도」 121,
293) 장 바니에, 「공동체와 성장」 20.
294) "우리의 교회들은 교회의 사역에서 유익을 누리면서 교회라는 유기체의
     지도자들에게 순복하기를 거부하는 기생자들로 가득하다. 그 결과, 교회
     는 암에 걸려 있고, 연약하며, 전투 준비가 되어 있지 않다. 때로는 내
     부의 갈등을 해결하는 데 너무 많은 에너지를 소진한 나머지 예수 그리
     스도와 더불어 세상에 맞설 시간이 없을 때도 있다."(어윈 루처, 86.)
295) 어윈 루처, 85~86.에서 재인용
296) 피터 로드, 177.
297) 제임스 패커는 개인주의의 특성과 이 영향을 받는 기독교인에 대해 다
     음과 같이 말한다. "한마디로, 개인주의의 특성은 고립과 반항에 있다.
     대중가수들의 노랫말과, 과거를 비판하는 학교 교사나 대학 교수들의
     태도, 자기 계발을 가르치는 교사들과 대중매체를 통해 전달되는 그들
     의 주장, 자유를 주제로 한 막연한 대화 등은 이런 사고를 더욱 부추긴
     다. 기독교인들도 동시대의 문화의 영향권에서 벗어날 수 없기에 스스
     로를 부족하게 여겨 조언이 필요할 때 조언을 구하고, 조언을 달게 받는
     겸손한 태도를 지니기가 매우 어렵다. 이것이 우리의 문제다."(제임스

패커 외 1인, 「하나님의 인도」 192~193.)

298) 얀 존슨, 32.

299) "예수님은 우리를 취하여 아는 자들로 만드신다. 아는 자란 생각하는
자가 아니다. 아는 자란 느끼는 자도 아니다. 아는 자란 체험하는 자다.
앎이란 자신이 아는 그것을 체험하는 것이다."(레너드 스윗, 「관계의 영
성」 189.)

300) Bill Donahue & Russ Robinson, 「Building A Church Of Small
Groups」 57~70.

301) 랜디 프린지, 14~15.

302) 위와 동일

303) 플로이드 맥클랑, 58~59.

304) 래리 크랩. 「관계의 공동체」 65.

305) 탐 알렌, 95~100.

306) J.R. 브리그스, 「성도의 행복한 대가 지불」 153.

307) 탐 알렌, 42.

308) 오스왈드 샌더스, 268.

309) 위의 책, 269.

310 제임스 패커는 특히 누가가 "성령에 이끌리어"라는 뜻으로 사용한 '아고'
에 대해 설명한다. '아고'는 첫째, 어떤 행동을 자연스레 유도한다는 일
반적 의미를 가리키고, 둘째, 불완전 시제로 사용된 것으로 보아 예수님
이 40일 동안 이리저리 움직이셨다는 의미를 함축하며 셋째, '성령에
게'가 '성령 안에서'로 번역될 수 있기 때문에 예수님이 이곳에서 저쪽으
로 옮기실 때마다 성령의 직접적인 지시가 있었다고 보기보다 영적 감
각을 최고조로 유지하고 계셨다는 의미로 이해할 수 있다. .... 세 경우
모두 '성령의 인도를 받는다'는 것은 특정한 형태의 인도라기보다 성령
안에서 살아가는 상태를 뜻한다. (제임스 패커, 314~315.)

311) 로버티 멕킬킨 / 헤럴드 J, 304.

312) 첫째는 '하나님과의 교통 가운데 사는 일'이고, 둘째는 '공동체 건설'이
며, 마지막으로는 '공동창조자가 되는 일'이다. (폴 스티븐슨, 「하나님의
사업을 꿈꾸는 CEO」 46~47.)

313) 위의 책, 47.

314) 마르바 던, 「희열의 공동체」 99.

315) 유진 피터슨, 「다시 일어서는 목회」 246.
316) 존 W. 크로린, 59.
317) 마르바 던, 위의 책, 24.
318) 데브라 리엔스트라, 292~293.

참고도서

국내도서 --
김기영, 〈일터@영성〉, 예영.
김대식, 〈빅 퀘스천〉, 동아시아.
김종래, 〈밀레니엄맨 칭기스칸〉, 꿈엔들.
LG 경제 연구원, 〈2010 대한민국트랜드〉, 한국경제신문.
Harry Kim, 〈크리스천 사업가와 BAM〉, 성안당
Harry Kim, 〈태초에 관계가 있었다〉, 한알의 밀알.
현요한, 탈무드 2, 동아일보사.

사전 --
기독교백과사전. 교문사

외국번역서 --
고든 맥도날드, 〈하나님이 축복하시는 삶〉, IVP.
고든 & 게일 맥도날드, 〈마음과 마음이 이어질 때〉, IVP.
그레이엄 톰린, 〈매력적인 교회〉, 서로사랑.
길버트 빌지키언, 〈기독교 101〉, 두란노.
그레이엄 톰슨, 〈매력적인 교회〉, 서로사랑.
다니엘 파운틴, 〈전인치유의 하나님〉, 죠이선교회출판부.
데니스 베커, 〈일의 즐거움〉, 상상북스.
데브라 리엔스트라, 〈영성의 시작〉, 죠이선교회.
디트리히 본회퍼, 〈신도의 공동생활〉, 대한기독교서회.
로버티 멕킬킨. 헤럴드 J. 웨스팅. 〈개성있는 교회가 성장한다〉, 디모데.
로버트 프레이저, 〈마켓플레이스 크리스천〉, 순전한 나드.
로버트 훼리시, 〈관상과 식별〉, 성서와 함께.
랜디 프린지, 〈21 세기 교회 연구:공동체〉, 좋은 씨앗.
레너스 스윗, 〈모던시대의 교회는 가라〉, 좋은 씨앗.
레너드 스윗, 〈관계의 영성〉, IVP.
레너드 스윗, 〈나를 미치게 하는 예수〉, IVP.
래리 크랩. 〈관계의 공동체〉, IVP.
레슬리 뉴비긴, 〈다원주의 사회에서의 복음〉, 한국기독학생출판부
래리 크렙, 끊어진 〈관계 다시 잇기〉, 요단.
론 니콜라스, 〈소그룹 운동과 교회 성장〉, IVP.

린다 그래튼, 〈일의 미래〉, 생각연구소.
마거릿 헤퍼넌, 〈경재의 배신〉, RHK.
마이클 윌킨스, 〈그분의 형상대로〉, IVP.
마이클 프로스트, 〈일상 하나님의 신비〉, IVP.
마르바 던, 〈내가 알아야 할 것을 창세기에서 배웠다〉, IVP.
마르바 던, 〈분별의 지혜〉, IVP.
마르바 던, 〈희열의 공동체〉, 복있는 사람.
몬트세라트 귀베르나우, 〈소속된다는 것〉, 문예출판사.
본훼퍼,
볼프, 〈삼위일체와 교회〉, 새물결플러스.
빌 홀, 〈모든 신자를 제자로 삼는 교회〉, 요단출판사.
세무엘 사다드, 〈마귀론과 정신질환〉, 생명의 말씀사.
스코트 펙, 〈악의 심리학〉, 두란노.
얀 존슨, 〈공동체와 복종〉, 좋은 씨앗.
어윈 루처, 〈목사가 목사에게〉, 진흥.
오스 힐먼, 〈일터 사역〉, 생명의 말씀사.
오스카 톰슨, 〈관계 중심 전도〉, 나침반
오스왈드 샌더스, 〈영적 성숙〉, 프리셉트.
유진 피터슨, 〈다시 일어서는 목회〉, 좋은 씨앗.
유진 피터슨, 〈부르심을 따라 걸어온 나의 순례길〉, IVP.
유진 피터슨, 〈부활을 살라〉, IVP.
유진 피터슨, 〈한길 가는 순례자〉, IVP.
유진 피너슨/마르바 던, 〈껍데기 목회자는 가라〉, 좋은 씨앗.
윤석철, 〈삶의 정도〉, 위즈덤하우스.
윌리엄 채드윅, 〈양도둑질〉, 규장.
월트 래리모아/트레이시 멀린스, 〈하나님이 창조하신 건강한 사람〉, 죠이선교회
장 바니엘, 〈공동체와 성장〉, 성바오로.
장 바니에, 〈두려움 너머로〉, 성요셉.
제랄드 메이, 〈중독과 은혜〉, IVP.
제이. R. 브리그스, 〈그리스도인의 행복한 대가 지불〉, 예수전도단.
제임스 보이스, 〈평신도를 위한 조직 신학〉, 크리스챤 다이제스트.
제임스 패커 외 1인, 〈하나님의 인도〉, 생명의 말씀사.
제임스 W. 페니베이커, 〈털어놓기와 건강〉, 학지사.
존 엘드리지, 〈인간의 욕망〉, 포이에마.
존 W. 크로린, 〈아주 특별한 우정〉, 바오로딸.
탐 알렌, 〈영적 성장의 장애물〉, 나침반.

팀 켈러, 〈일과 영성〉, 두란노.
파커 파머, 〈일과 창조의 영성〉, 아바서원.
폴 스티븐스, 〈하나님의 사업을 꿈꾸는 CEO〉, IVP.
폴 스티븐스/마이클 그린, 〈그분의 말씀 우리의 삶이 되어〉, 복있는 사람.
폴 스티븐스, 〈하나님의 사업을 꿈꾸는 CEO〉, IVP.
폴 존스, 〈영적지도의 이론과 실천〉, 은성.
플로이드 맥클랑, 〈하나님 아버지의 마음으로〉, 예수전도단.
피터 로드, 〈소울 케어〉, 두란노.
피터 그리어, 〈우리 시대의 선행과 영적 위험〉, 율리시스
피터 스카지로, 〈정서적으로 건강한 영성〉, 생명의 말씀사.
필립 얀시, 〈기도〉, 청림출판.
켄 헴필, 〈안디옥 이펙트〉, 서로사랑.
케네스 리치. 〈영성과 목회〉, 한국장로교출판사.
키이스 앤더슨, 〈영적 멘토링〉, IVP.
찰스 테일러, 〈불안한 현대 사회〉, 이학사.
힐러리 브랜드/아드리엔드 채플린, 〈예술과 영혼〉, IVP.
헨리 나우웬, 〈모든 것을 새롭게 만들고〉, 바오로딸
헨리 나우웬. 〈영적 발돋음〉, 두란노.

영어원서 --
Alvin J. Lindgren & Norman Shawchuck. 〈Management for Your Church〉, Organizational Resources Press.
Bill Donahue & Russ Robinson. 〈Building A Church Of Small Groups〉, Zondervan.
Chip Ingram, 〈Living On the Edge〉, Howard.
George Barna, 〈Turning Vision Into Action〉, Regal Books.
James Emery White, 〈Rethinking The Church〉, Allan Cox, with Julie Liesse, Chicago: Irwin
M. Scott Boren, The Relarional Way, Touch Publications.
Kent Humphreys. 〈Last Investmens〉, NavPress
Parker J. Palmer, 〈To Know As We Are Known〉, Harper, SanFrancisco.
Randy Frazee, 〈Making Room For Life〉, Zondervan.
Stanley Haurwas, 〈Albert Mohler, Conviction to Lead〉, Bethany House Publishers.

태초에 공동체가 있었다